# 제삼의 인생

**제삼의 인생**

1979 초판 | 2003 신정판(2004 4쇄)

옮긴이 · 김윤주 | 펴낸이 · 이형우

ⓒ 분도출판사

등록 · 1962년 5월 7일 라15호

718-806 경북 칠곡군 왜관읍 왜관리 134의 1

왜관 본사 · 전화 054-970-2400 · 팩스 054-971-0179

서울 지사 · 전화 02-2266-3605 · 팩스 02-2271-3605

www.bundobook.co.kr

ISBN 89-419-0311-4 03340

값 6,000원

알폰스 데켄

# 제삼의 인생
당신도 노인이 된다

김윤주 옮김

분도출판사

# 머리말

이 책은 처음부터 의도적으로 썼다기보다 우연히 책으로서의 형식을 갖추게 된 것이다. 어쩌면 섭리일지도 모른다.

나는 고국 독일을 떠나 먼저 일본에 머물면서 몇 해 동안 일본어와 그 밖의 공부에 전념했다. 그다음에 미국에 가서 학위 논문을 준비하는 틈틈이 일요일에는 본당 일을 도와주기도 하고 병원이나 양로원을 방문하기도 했다. 도시의 인구가 급격히 늘어 가는 나라에서 살면서 비로소 나는 현대 사회가 안고 있는 난제인 노인 문제를 새로운 눈으로 바라보게 되었다. 내 전공인 윤리학, 인간학과도 관계가 깊은 이 문제를 본격적으로 연구해 보기로 했다. 기회 있을 때마다 강연도 하고 기사도 썼다. 그러다 보니 한 권의 책이 되었다.

그런데 영어로 쓴 이 책(*Growing Old and How to Cope with It*)은 정말 뜻밖에도 일곱 번이나 중판을 거듭하게 되었다. 그동안 여러 나라에서 번역하고 싶다는 편지가 왔고, 이미 10개 국어로 번역되었다. 최근 프랑스어판도 출판되었다. 이 책을 쓸 때만 해도, 미국 사회는 역사가 짧고 여러 민족이 어울려 사는 불안정한 사회여서, 나이를 먹고 노인이 되는 것이 문제가 된다고 생각했다. 실제로 독일이나 일본에서는 그토록 많은 불행한 노인들을 만난 기억이 없었다.

미국에 있는 동안 나는 몇 번 독일을 다녀오곤 했다. 지금은 나의 제2 조국이 된 이 일본에서 영주할 생각으로 일을 하고 있다. 날이 갈수록 나는 노년老年이라는 것이 미국뿐만 아니라 독일이나 일본에서도 심각한 문제로 부각되고 있는 것을 깨달았다. 그것은 고도로 공업화된 선진국들의 공통적인 고민이 아닐까. 고도 공업화야말로 노인 문제를 야기시키는 원흉임에 틀림없다.

세계가 합리적으로 재조직되고 기계화될수록 사회는 그 유기적 유대를 상실해 간다. 지난날 이웃 간에 친밀했던 그 정의情誼도 사라지고, 어느 집이나 식구가 단출해지고, 게다가 그 식구들마저 저마다 생각과 행동을 달리하고 있다. 또 인간은 자연과도 거리가 멀어지고 말았다. 대부분의 사람들은 삭막한 도시의 회색 아스팔트 위에서 오염된 공기를 마시며 살아가는 것이다.

그러나 아무리 공해가 심하다 하더라도 무조건 과학만 탓해서는 안 된다. 우리는 일상생활에서 현대 과학의 혜택을 얼마나 많이 누리고 있는가. 인간의 수명이 늘어 가는 것도 다 과학의 발전 때문이 아닌가. 중요한 것은 오히려 현대 문명의 이기利器를 사용하는 우리들의 마음가짐이라고 생각된다.

1972년에 영문 초판이 나왔을 때 각국의 독자들이 보낸 많은 편지를 읽고 나는 하나의 확신을 얻었다. 즉, 노년은 윤리 문제로서 훌륭하게 해결될 수 있다는 사실이다. 그렇다면 우리의 앞날은 희망적이지 않은가.

1975. 8. 3<br>지은이

# 아름다운 마무리를 위해

노후의 여생을 사는 것은 하나의 사업이라고 나는 생각한다. 돌이켜 보면 인간의 일생은 고난의 연속이다. 의식이 없어 그렇지 갓난아기도 출생할 때 꽤 힘들 것으로 생각된다. 늙는 것도 역시 어렵다는 점에서는 마찬가지다.

늘그막을 어떻게 보내느냐에 그 삶이 성공이냐 실패냐가 결정된다. 하지만 30년 전까지만 해도 지구 상의 인간들은 장년壯年 때 느닷없이 죽음의 길을 더듬는 이들이 많았기 때문에, 노년기를 맞이하는 이들이 극히 적어 노년의 문제는 관심의 대상이 되지 않았다.

노년에 반갑지 않은 갖가지 쇠퇴현상이 따르는 것은 사실이다. 의학적으로도 육체의 노화는 20대부터 시작된다니까, 노년의 문제는 우리들이 성숙함과 동시에 이미 시작된다고 할 수 있다. 인간은 어린 시절 여러 어려움과 만나면서 성숙하는 것처럼 늘그막에도 다른 형식의 어려움을 짊어지게 된다. 이것은 누구에게나 주어진 운명이며, 어느 불행한 사람에게만 노년기가 찾아오는 것은 아니다. 문제는 어떻게 그 노년기를 밝고 자연스럽게 뜻있는 것으로 맞이하느냐다.

　좀더 일찍이 노년기에 관해 관심을 가지고 연구하고 생각해야 했다. 이제라도 이 책이 나옴으로써 그 거론의 지만성遲慢性을 천천히 상쇄해 가고 있다. 그러나 안심할 수는 없다. 노인문제는 함정투성이다. 곳곳에 "요구"하는 것만이 사는 보람이 된 "거지 근성 늙은이", "노인이라는 것이 하나의 자격이 되고 직업이 된 늙은이"들이 늘어 가고 있다. 분명히 사회복지는 필요하지만, 응석받이 식의 잘못된 복지제도 운영으로 빚어진 결과는 벌써 이런 식으로 나타나고 있다.

　노년기에 빛을 주는 것은 돈이나 물질이 아니다. 외적인 명예도 아니다. 그것은 내성內省의 은혜의 빛을 받은 정신적인 영역이다. 사회복지의 보완이 널리 구가되는 때에 아이러니컬한 이야기지만 실제로 그렇다. 금전이나 물질은 한부분에 불과하다. 이렇게 말해야 하지 않을까. 정신이 풍요하면 아무리 비참한 상황이라도 극복해 나갈 수 있지만, 물질은 결코 모든 면에 걸쳐 노년에 충족감을 줄 수는 없다고(속물인 나로서는 사실 물질이나 돈이 노년을 구한다고 말하고 싶지만, 주위를 돌아보니 거짓인 같아 그렇게 말할 수 없다).

나는 평소, 노인이 되는 법을 젊을 때부터 배워야 한다고 생각해 왔다. (어린이들이) 어른이 되는 법을 공부하듯이, 혹은 (직장 같은 데서 만일의 경우에 대비하여) 방화훈련을 되풀이하듯이, 보통 사람으로서는 노인이 되는 것도 미리 준비를 해 두지 않으면 슬기롭게 나이를 먹어 가기란 여간 어려운 일이 아니다. 이 책은 우리가 그런 생각을 하는 데 도움을 줄 것이다.

소노 아야코 曾野綾子

# | 차 례 |

# 노후의 문제

구미歐美에서는 노년을 친양한 말을 좀처럼 찾아볼 수 없다. 사실 선진국들에서는 늙은이가 된다는 것이 전례 없이 심각한 문제로 대두되고 있다. 통계에 의하면, 인간의 수명은 늘어나는 데 반해 출생률은 줄어들고 있어서, 어느 나라에서나 고령자의 인구 비율은 해마다 상승하고 있다. 미국의 경우, 1850년에는 65세 이상의 노인이 2.5%에 지나지 않았는데, 지금은 10%에 해당하는 2천만 명이 노인층이다. 현재 25세 이상인 미국 사람 가운데 3분의 1 가량이 2000년까지 산다고 가정한다면, 21세기 초에는 65세 이상의 노인이 적게 어림잡아도 3천만은 넘을 것으로 추산된다(이제 우리 나라도 65세 이상 노인이 전 인구의 5.7%로 불어나 점차 고령화 사회가 되고 있다 — 역자 주).

　최근에는 청소년 문제로 손이 딸려서인지, 날로 수가 늘어 가는 노인의 일은 아예 제쳐 두고 있는 나라도 많다. 물론 복지사업이나 사회보장·의료제도 등을 통해 노인들의 의식주나 건강 관리에 대해서는 꽤 폭넓은 배려를 하고 있는지도 모른다. 그러나 이 책에서 다루고자 하는 문제, 곧 더 절실하고 넓은 의미에서의 노인 문제가 그와 같은 배려만으로 쉽게 해결될 수 있다고 생각하면 잘못이다.

동양 문화는 예부터 개인과 사회의 관계에 큰 비중을 두고 있다. 거기에 비하면 서구 문명은 르네상스 이후 독립 자존을 높이 평가하는 방향으로 발전하였고, 그 결과 공존이나 연대성, 혹은 공동체 등, 그 가치에 있어서 개인이나 개성보다 더 뛰어날지언정 결코 못하지 않은 귀한 것들이 시대가 흐름에 따라 점점 경시되기에 이르렀다. 오늘날 미국의 상황은 바로 서구 사회의 축도縮圖이다. 겨우 이즈막에야 사람들은 개성 편중의 잘못을 깨닫게 되었다. 젊은이들은 자주정신에 투철하지만, 신구新舊 양 세대 차는 커져만 간다. 억척스럽게 개인주의와 자주독립을 표방해 온 서구 사람들은 오늘날, 바로 그 때문에 고독과 적막이라는 뼈저린 대가를 치르지 않으면 안 된다는 것을 통감하고 있다. 더구나 나이가 많을수록 이 무거운 짐을 짊어지지 않을 수 없다. 아마 이 지구 상에 생존해 온 인류 가운데 현대의 노인만큼 쓸쓸하게 여생을 보낸 세대도 없을 것이다.

「제2의 성性」 등 수많은 문제작을 낸 프랑스의 저명한 여류 작가 시몬느 드 보봐르는 노년에 관한 역저 「늙음」에서 서구 사람들의 노인관을 어두운 필치로 묘사하고 있다. 노인들은 제대로 사람다운 대접을 받지 못하는 경우가 많다고 보봐르는 말한다. 걸핏하면 귀찮은 존재로 경원하고, 이용할 필요가 있으면 실컷 이용하고, 필요없으면 내동댕

이치듯 외면해 버린다. 그래서 서구 사회에서는 나이를 말하지 않는다. 어쨌든 나이에 관한 이야기는 삼가는 것이 통례이다. 보봐르는 이 같은 "침묵의 협정"을 깨뜨리기 위해 「늙음」이라는 명저를 엮어 냈다. 이제까지의 노인 취급은 바로 범죄행위였다는 것을 이 여류 작가는 소리 높이 외치고 싶었던 것이다.

프랑스에서는 바캉스 철이 되면 노인들을 자선기관이나 병원에 맡겨 둔 채 여름이 다 지나도록 까맣게 잊고 모시러 가지 않는 아들딸들도 있다고 한다. 서구 부요한 나라들에서는 훌륭한 시설을 갖춘 실버타운이나 양로원들이 곳곳에 세워지고 있다. 부자들은 집안의 노인들을 이곳으로 보낸다. 불쌍한 것은 당사자인 노인들로서, 이들은 놀랍게도 이 신흥기업을 살찌우는 상품으로 전락하고 마는 것이다. 그래도 이들은 괜찮은 편이고, 가난한 노인들은 제대로 돌보는 이도 없이 외로이 살아 갈 수밖에 없다.

프랑스에서 베스트셀러가 된 「늙음」은 발본색원적인 개혁을 호소하면서 끝을 맺는다. 현대의 서구 사회는 노인들을 너무 소홀히 다루어 왔다. 지금이야말로 그런 사회 풍조를 뜯어고쳐야 한다고 보봐르는 주장한다. 아무래도 이 역겨운 상황을 시정하려면, 제도 그 자체를 바꾸는 것이 선결과제일 것이다. 이제까지와는 전혀 다른 사회 경제에 관한 가치관, 더 나아가 인생관을 바꾸지 않으면 안 된다.

보봐르는 노인들 예우와 관련해서 현대 서구 사회의 반성을 촉구했다. 이대로 가서 좋을 리가 없다. 우리는 노인들에 대한 태도를 바꾸어야 한다고 보봐르는 역설한다. 노인들이 인간답게 살 수 있는 환경을 만들기 위해 사회를 개조할 필요가 있지 않을까. 그렇게 하려면, 각 전문 분야의 진지한 공동연구를 집대성하여, 학문적으로 뒷받침할 수 있는 구조개혁을 단행하지 않으면 안 된다.

그러나 문제는 그것뿐이 아니다. 오히려 더 중요한 것은 노인들 스스로가 노년에 접어든 자신의 처지를 자각하는 일이며, 이 책이 의도하는 바도 노인들의 그 같은 마음가짐에 초점을 두고 있다. 개인의 자유와 개성이 존중되는 현대에 이미 터부(禁忌) 같은 것은 없을 터인데도, 아직 많은 사람들은 자기 나이만은 절대로 세지 않으려고 한다. 30대의 여인에게 나이를 묻는 것을 대단한 결례로 여긴다. 왜 나이를 부끄러워하는가. 노년기야말로 인간의 발전과 원숙과 충족감을 체험할 수 있는 빛나는 시절이 아닌가. 나는 나이 많은 분들에게 만년을 온유하고 아름답게, 또 뜻깊게 보낼 수 있도록 심리학적으로나 정신적으로 도움이 되는 말을 해주고 싶다. 또 중년기의 사람들에게도 이 조언 가운데 몇 마디라도 마음에 새겨, 고귀한 만년을 맞이할 준비를 하라고 권하고 싶다. 장수함으로써 비로소 만나게 되는 절호의 기회를 헛되이 보내지 않고, 되도록 많은 노인들이 늘그막의 흐뭇한 보람을 실감할 수 있는 날이 하루빨리 오기를 진정으로 빌어 마지않는다.

# 나이가 들면서

나이가 듦에 따라, 이전에는 생각지도 않았던 문제가 마음에 걸리게 된다. 모두들 늙으면 일선에서 물러나야 한다는 것을 받아들이기가 무척 어려운 것 같다. 많은 사람들이 자기 생애의 중대한 갈림길에 서 있다는 것을 인정하지 않고, 늙어 간다는 사실을 어떻게 해서든지 피해 보려고 몸부림치지만, 오래지 않아 결코 피할 수 없다는 것을 알게 되면, 그 순간부터 만사가 귀찮아지며 하루가 다르게 늙은 태가 난다. 비록 얼마 동안은 이럭저럭 목숨을 이어 갈는지 모르지만, 별로 이렇다 할 만한 목적이 있는 것도 아니고, 결국 자기는 폐물에 지나지 않는다고 자학해 괴팍한 늙은이가 되고 만다. 그렇지만 인간이란 나이가 들수록 원숙해질 가능성이 있다. 바꾸어 말하면, 늙은이가 되었다고 해서 인간으로서의 성숙이 멈추는 것도 아니고, 오히려 더욱더 그 개성을 발전시켜 갈 수 있는 것이다. 바로 이 점을 깨치지 못해서, 두 번 다시 없는 모처럼의 기회를 아깝게 놓치고 마는 사람들이 얼마나 많은가.

사람은 누구나 유년기, 청년기, 장년기를 거친다. 그런데 어린이에서 어른이 되고 다시 어엿한 사회인으로 성장해 가는 과정은 결코 말처럼 간단하지 않으며, 참으로 중대한 과제이다. 그 증거로, 우리는 젊은이들이 그 성장의 새로운 단계로 옮겨갈 때마다 직면하는 위험한 상황을 매일처럼 보고 있지 않은가.

한창때가 지나 바야흐로 노년기로 접어들 때에도 그런 위기가 있다는 사실을 사람들은 별로 자각하지 않고 있는 것 같다. 누구나 자기가 늙었다고는 생각하고 싶지 않고, 또 다른 사람에게도 그렇게 보이는 것이 싫기 때문에 노년의 문제를 화제로 삼는 일은 드물다. 오늘날처럼 젊은이들 중심의 사회에서는 아무튼 언제까지나 젊음을 지녀 나가지 않으면 안 된다. 하다못해 외적으로라도 젊게 보이려고 애쓰는 것이 인지상정이다. 그러나 세태가 그렇다고 노인들이 결속해서 젊은이로 분장해 보았자, 해마다 먹어 가는 나이로 마침내는 노쇠라는 위기에 부닥치게 되는 인생의 정석을 깨뜨릴 수는 없다. 물론 젊은이들 중심의 사회일수록 점잖이 곱게 늙어 간다는 것이 힘들 게다. 이제부터 노년기를 맞이한다는 서글픈 생각이 들기가 무섭게 주위로부터 냉대를 받게 되면 정말 설 자리가 없게 된다.

우리는 모두 어쩔 수 없이 나이가 든다. 요절하지 않는 한 누구든 예외 없이 언젠가는 늙은이라는 위기에 부닥치게 된다. 예컨대, 여성의 경우를 생각해 보자. 아무리 아름다운 여인이라도 조만간, 그 고왔던 얼굴이 탄력을 잃고 이젠 매력적이지도 않다는 것을 깨닫고는 맥이 풀리는 날이 오게 마련이다. 재능이나 전문 지식은 여전히 높이 평가되고 신망도 있지만, 본인의 심정에 그런 것은 무슨 연금 정도의 가치밖에 안 된다. 몸 여기저기가 쑤시고, 정신이 차츰 희미해지고, 잠을 설치기가 일쑤이고, 류머티즘이 생기고, 자주 머리가 지끈거린다. 이쯤 되면 우울해지지 않을 수 없고, 어느덧 침착성을 잃어 초조해지며, 무엇을 하려고 해도 귀찮은 생각만 든다. 아침에 눈을 떠도 상쾌한 기분을 가질 수 없고, 낮에는 심심하여 시간을 주체하기 어렵고, 밤은 길고 쓸쓸하다.

남성은 50 고개를 넘으면 마魔가 낀다고 할까, 일에도 교제에도 성생활에도 돌연 자신을 잃게 된다. 자녀들은 성인이 되어 슬하를 떠나 버리고, 집안은 갑자기 텅 빈 것처럼 쓸쓸하여 견딜 수 없게 된다. 또 한편으로는 능력의 한계에 부딪치는 경우가 잦아짐에 따라 무슨 일에나 소심해지고 그저 불안하기만 하다. 하긴 얼마 동안은 자기가 길러온 후진들이 활약하는 모습을 보면 대견스러워서, 지난날의 고생이 헛되지 않고 열매를 맺은 데에 남다른 긍지를 느낄 수도 있다. 그러나 오래지 않아 새로운 세대가 서서히 영향력을 행사하게 되면 심사가 편치 않고 또 그것이 자연히 겉으로 드러나서 선배다운 너그러움을 잃게 된다. 이같은 변화는 노년의 위기가 다가오면서 제일 먼저 느끼는 징후이다. 가슴속에 찬바람이 분다. "모든 것이 이제까지와 똑같지 않은가. 그런데 나만 무용지물이 되다니 …

절대로 있을 수 없는 일이야.” 이렇게 스스로 다짐해 보아
도 천천히 그러나 끊임없이 스며드는 일말의 불안을 지워
버릴 수는 없다(인간이란 영구히 자신의 지위를 고수하려
고 한다. 나이가 들었다고 그것을 선뜻 내놓고 싶지 않은
것이다. 그러나 현실은 어쩔 수 없다). 자기도 나뭇잎처럼
머지않아 인생이란 가지(枝)에서 떨어져 나가는 것이 아닐
까. 이런 예감이 가슴을 �劃치는 것이다.

# 노인과 개성

노인들에 관한 연구가 활발해짐에 따라 최근 재미있는 설說이 나왔다. 인간에게는 세 가지 연령이 있다는 것이다. 태어나서부터 이제까지의 생활연령, 건강 상태에 따라 좌우되는 생리연령, 기분과 마음가짐에 달려 있는 심리연령이다.

노인들은 실제 나이, 그러니까 생활연령에만 신경을 쓰면서 지레 늙은이 냄새를 풍기지 않도록 주의할 필요가 있다. 나이 드는 것만 걱정하다 보면 자기도 모르게 생리적으로 빨리 늙어 버리지만, 그 반대로 여든을 넘어도 40대 못지않게 발랄한 기분을 가질 수도 있는 것이다.

신체장애자는 적어도 그 육체의 일부가 생리적으로는 노화했다고 말할 수 있겠지만, 그런데도 보통 생리연령이 젊은 건강한 사람이 아니면 할 수 없는 위업을 이룩하는 경우가 있다. 영문학사에서 셰익스피어와 비견되는 시성詩聖 밀턴은 만년의 20년간 두 눈의 실명이라는 역경 속에서도 그 숭고한 시문詩文을 수많이 엮어 냈다. 또 동서고금에 견

줄 자 없는 악성樂聖 베토벤은 만년의 15년 동안 전혀 듣지 못한 귀머거리였지만 죽을 때까지 작곡의 길에 정진하였다. 밀턴이나 베토벤이 그 불구의 몸을 한탄하며 자포자기하여 심리적으로 일찍 늙어 버리고 말았다면 「실락원」도 「제9 교향곡」도 결코 탄생하지 않았을 것이다.

# 나이에 역행하려는 풍조

앞서 말한 것처럼 노년기에 접어든 사람들의 생활에는 함정투성이다. 매복하고 있는 위험들을 들어 보면 다음과 같다.

사람들이 나이를 먹고 싶지 않은 것은 풀쐐기와도 비슷하다. 풀쐐기는 커서 나비가 되면 아무 데나 자유롭게 날아다닐 수 있는데도 언제까지나 유충 그대로 나뭇가지에 달라붙은 채 떨어지지 않으려고 한다. 사람도 공연히 풀쐐기처럼 제멋대로 젊음을 언제까지나 간직하고 싶은 것이다. 남녀 할 것 없이 노인들 중에는 자기가 늙었다는 사실을 외면하고 주책없이 아직 한창 젊은 양으로 착각하고 있는 이들이 많다. 초로의 부인들이 나이에 어울리지 않는 화려한 옷차림으로 번화한 거리의 쇼윈도를 기웃거리며 노니는 것을 보면 측은한 생각마저 든다. 또 요즘에는 남성용 화장품도 잘 나오고 있어, 남자들도 나이보다 젊게 보이려는 경향이 있다. 말하자면 이즈음에는 여성뿐 아니라 남성들 중에도 인식 부족 때문에, 나이가 든 노인만이 지닐 수 있는 좋은 점도 있다는 것을 깨닫지 못하는 사람들이 늘어 가는 것 같다.

음미되지 않은 인생은
살 보람이 없다.
어떻게 사는가를 배우는 데는
전 생애를 요한다.

소크라테스


괴로움과 즐거움을 섞어 맛보며
고락이 서로 연마하여
복을 이룬 이는
그 복이 비로소 오래 가며,
의심과 믿음이 서로 참조한 다음에
지식을 이룬 이는
그 지식이 비로소 참된 법이다.

채근담

# 원망과 질투

나이가 많아지면서 만나게 되는 또 다른 함정은 젊은 세대에 대해서 원망이나 질투의 감정을 품게 되는 일이 아닐까. 여간 인품이 훌륭하고 도량이 넓지 않고서는, 한창 일할 나이의 사람들을 부지불식간에 원망하거나 질투하게 된다. 그렇지만 이미 흘러간 지난날의 일들에 굳이 미련을 가지지 않는다면, 늙어 가는 데에 불안을 느끼거나 불복不服하려고 애쓸 필요는 없지 않을까.

노년기에 들어 새로이 주어진 중요한 생활의 장場을 발견하지 않는 한, 늙은이는 젊은이들이 자꾸 앞서 가는 것이 아무래도 언짢고 경우에 따라서는 분하기도 하여 대수롭지 않은 일로 트집을 잡고 원망하게 된다. 이러한 원망은 특히 젊은이 위주의 서구 사회에서 더 큰 문제를 일으키게 된다. 최근까지도 일본이나 한국의 노인들은 그 풍부한 생활체험이 높이 존경을 받았다. 그래서 젊은 세대에 대한 노인들의 원망이나 질투가 그리 심각하지는 않았다. 그러나 오늘날에는 노인들의 지혜 같은 것은 별로 존중되지 않는 것 같다.

　교육과 매스미디어의 보급으로 지난날 경험 많은 노인들의 특권이었던 역할은 빼앗기게 되었고, 문물文物의 진보가 너무 빨라서 노인들은 미처 따라갈 수도 없는 형편이다. 더구나 젊은 세대는 끊임없이 연구하고 훈련받지 않으면 안 되는 현실 때문에, 노인들의 자상한 훈도薫陶를 받지 않아도 해 나갈 수 있다.

　인간은 헛되이 나이를 먹지는 않는다. 인생의 오랜 경험에서 얻은 지혜를 살릴 기회가 얼마든지 있는데 자신을 가지지 못하는 노인들이 많다. 그래서 세대 차는 커지고 갈등은 깊어진다. 젊은이들은 늙은이들은 필요 없다고 한다. 그래서 노인들은 더욱 자신을 잃고 모든 것을 체념하고 세상을 원망하면서 여생을 보내게 된다. 이런 심정의 노인들은 젊은이들이 어쩌다 실패라도 하면 뒤에서 고소하게 여기며 비웃기도 할 것이다. 젊은 객기 때문에 인생의 암초에 부딪친 후배에게 부질없이 "거봐라"는 따위 경멸의 말이라도 던져야 속이 후련한 것이다. 이런 노인은 매사에 같은 태도를 보인다.

# 낙오자

몸도 마음도 늙어서 쇠약해져 간다는 것을 스스로 느낄 정도의 나이가 되면 남자나 여자나 애오라지 과거의 꿈에 매달려 살려고 한다. 씁쓸한 현실과 막막하고 서글픈 미래의 일은 아예 잊으려 애쓰고, 그저 흘러간 지난날의 추억만 더듬으며 거기서 위로를 찾으려는 것은 노인들을 더욱 무력하게 만드는 큰 유혹이다. 정작 은퇴하게 되면 많은 노인들은 직장도 가정도 자신에 대하여 손바닥을 뒤집듯이 냉담하고 무관심해지는 것같이 느껴져 충격을 받는다. 자존심이 상하고, 자기 은혜를 잊은 자들의 야속한 태도에 분개하지 않을 수 없다. 실상 정년퇴직으로 자리를 물러나면 이제까지의 동료나 부하직원들에게 경원되는 일은 흔히 있다 ― 눈앞이 갑자기 캄캄해지는 듯한 느낌이다. 모두 인정머리 없고 쌀쌀해졌기 때문이다. 그중에는 자기를 원수처럼 여기는 자도 있다. 이쯤 되면 차라리 사회에서 완전히 물러앉아 행복했던 과거의 추억이나 더듬으며 여생을 보내겠다는 생각도 들 만하다. 과거의 꿈을 더듬다 보면 어린 시절이 그리워지고 젊음을 구가하던 청년 시절의 패기가 되살아나는 것 같은 기분이 든다. 이렇게 자신의 젊었을 때를 이상화하게 되면, 그것이 일상 대화의 주제가 된다. "내가 젊었을 때는 그런 예모 없는 태도는 취하지 않았어 … 모두 정말 친절했지 …. 거기에 비하면 요즘 젊은이들은 버르장머리가 없단 말이야 …." 이런 빈정거리는 말을 하기 때문에 주위에서 더욱 소외되고 그럴수록 자존심도 더 상하게 된다. 이렇게 되면 노인들은 초조해져 기를 쓰고 과거의 공로를 과장하며, 자신을 돋보이게 하려는 충동에 사로잡힌다. 소설책을 뒤적거리는가 하면, 허풍을 떨며 지난날의 영광을 오가는 사람들에게 들려주는 가련한 늙은이들을 어디서나 만날 수 있다. 그 두드러진 예로서, 현대 명작 희곡에 등장하는 몇몇 인물을 소개해 보자. 그들의 정신적 결함을 살피면, 어쩐지 남의 일이라고 할 수만은 없을 것 같다.

유진 오닐의 걸작 「밤으로의 긴 여로」에 나오는 노부老父 제임스 타이론과 그의 아내 메리, 이 두 사람은 아무래도 나이를 먹고 싶지 않아서 과거를 억지로 미화하려는 부부의 전형이다. 이 자서전적인 희곡에서 오닐은 로맨틱한 암굴왕嚴窟王의 역할만을 몇 년이고 계속 되풀이해 오면서 배우로서의 가능성을 그 이상 시험해 보려고 하지 않았던 자기 부친의 모습을 묘사하고 있다. 언젠가 이 구두쇠는 아내를 돌팔이 의원에게 치료받게 했는데, 약을 잘못 써서 아내는 아편 중독자가 돼 버린다. 그 후로 메리는 자신의 늙어빠지는 꼬락서니를 보다 못해 마약의 힘을 빌려 환상의 세계로 언제나 도피하려고 애쓴다. 메리가 새색시 때 입은 옷을 끌어안고, 옛날 제임스 타이론과 뜨거운 사랑에 빠졌을 당시의 "순간적인 행복"을 되살리려고 몸부림치는 장면은 보는 이들의 가슴을 뭉클하게 한다. 늙은 제임스는 자신의 약점이나 불안, 그리고 지나치게 구두쇠 노릇을 하는 버릇을 직시하지 못한다. 헤어날 수 없는 숙명에 사로잡힌 이 남자는 노쇠에 따르는 우울한 심정을 풀려고 술을 들이킨다. 타이론 부부는 말하자면 가면을 쓰고, 견딜 수 없는 고뇌로 가득 찬 현재를 외면한 채, 그래도 괜찮았던 과거를 적당히 재현해 간다. 그러나 아무리 쓰라리고 서글프더라도 가면을 벗어던지고 과거의 온갖 죄로 일그러진 자신의 현실적 모습을 직시하지 않는 한 구제될 수 없다.

또 한 가지 무서운 예를 들어 보자. 테네시 윌리엄스의 희곡 「유리 동물원」에 나오는 45세의 모친 아만다 윙필드의 경우가 그렇다. 이 여인은 지난날 자신이 아메리카 남부 지방 사교계의 여왕으로서 화려한 나날을 보냈던 시절을 회상하며 그 추억 속에서 산다. 불황시대라 세인트루이스에서의 넌더리나는 생활이 지겨워, 옛날 호농豪農의 저택에서 즐겁게 지낸 일들을 되살리는 것이 낙일 수밖에 없다. 예컨대, 어느 일요일 오후에 "의젓한 신사들을 열일곱 분이나 집에 초대한 일" 따위를 돌이켜 생각하며 황홀해한다. 불구인 딸이 모으고 있는 유리제製 동물완구처럼 상하기 쉬운 아만다는 거미줄같이 뒤얽히는 추억과 실의와 불안에 시달린다. 남편은 "아득한 미지의 나라를 동경한 나머지" 아내를 버리고 떠났다. 몸이 자유롭지 못한 딸 로라는 낯선 사람들을 싫어하고, 유리 동물들이 사는 공상의 세계로 도피하려고 한다. 어머니는 딸에 비하면 얼마큼 현실에 가까운 세계에 살고 있는 셈이지만, 흘러간 시절을 그리는 그녀의 추억은 망가지기 쉬운 유리 동물 못지않게 환상적이다. 아만다 자신도 어렴풋이 그것을 느끼고 있다. 그럴수록 더 필사적으로 과거의 추억에 매달리게 된다.

심리학자들이 흔히 양로원 같은 데서 관찰하는 일이지만, 영국의 극작가 테렌스 라티간은 「따로따로의 테이블들」이라는 희곡에, 얼토당토않은 경력이나 지위 또는 신분을 그럴싸하게 늘어놓는 인물을 등장시키고 있다. 퇴역 장교인 보로크 대령은 걸핏하면 자신만만하게 예전에 이러저러한 공훈을 세웠노라고 자랑하기 시작하지만, 얼마 안 가서 거짓말이라는 것이 밝혀지고 만다. 가련한 이 가짜 퇴역 장교는 대령의 계급은 고사하고 단 한 번도 싸움터에 나간 적이 없었으니 빛나는 무훈을 세울 기회가 있었을 리 만무했다.

나이가 들었다고 해서 젊은 시절의 추억을 아예 덮어 버려야 할까? 그럴 필요는 없다. 억지로 잊으려 하기보다 추억의 여로를 더듬으며 스스로 자기 마음을 위로하고 울적한 기분을 풀어보는 것도 꽤 흐뭇한 일이고, 또 지난날의 자기 공적을 회고하며 좋은 의미에서 긍지를 가지는 것도 분명히 중요하다. 그러나 분별없이 옛일을 이상화하고 예찬하려는 유혹에 빠지지 않도록 주의하지 않으면 안 된다. 과거의 세계에 안주하면서 현재의 과제에 무관심한 체하는 것은 어느 모로 보나 바람직한 태도는 아니다. 현대문명에 등을 돌린 히피족을 사람들은 "낙오자"로 멸시하는데, 현실을 직시하고 충실히 살아가기를 거부하며 추억의 나라로 도피하는 노인들도 똑같이 사회의 낙오자가 아닐까.

# 노인성 이기주의

노인들이 엄중히 경계하지 않으면 안 되는 또 하나의 위험이 있다. 이기주의(에고이즘)가 바로 그것이다. 누구나 나이가 들면 물욕物慾이 강해진다. 맛있는 것을 먹고 싶다든가, 예금을 늘리고 싶다든가, 푹신한 안락의자에 앉고 싶다든가 … 물질적 관심이 깊어지는 것이다. 그리고 변덕스럽고 제멋대로 억지를 부리고, 권력욕과 지배욕이 꿈틀거려 가정에서는 물론 어디서나 폭군 노릇을 하려고 한다. 남자건 여자건 늙은이들은 자신의 기력이 날로 쇠약해져 간다는 것을 피부로 느끼기 때문에, 그 허전함을 잊기 위해 허세를 부리고 완고하게 고집을 부리며 자기만족에 빠지기 쉽다. 정작 이 세상을 떠날 때는 동전 한 닢도 가지고 갈 수 없는데 자기 재산이나 물건은 하나도 축내지 않으려고 악전고투하는 늙은이의 모습은 정말 처량하기 짝이 없다. 찰스 디킨스의 「크리스마스 캐럴」에 나오는 수전노 스쿠루지 같은 늙은이는 바로 이 노인성 이기주의의 전형적인 예라 하겠다.

노인의 이기주의에도 여러 유형이 있다. 인정이라고는 전혀 없는 사람이 늙어빠지면 대개 망령이 들면서 추한 꼴을 보이지만, 입신출세형의 사람이라도 나이를 먹음에 따라 독선적인 성격을 띠어 외고집을 부리고 정떨어지는 이기주의자로 탈바꿈하는 수가 있다. 자수성가하여 다른 사람들을 위해 좋은 일을 많이 해 온 사람이 만년에 가서 가정의 폭군으로 타락해 가는 것은 비극이다. 맨손으로 한푼 한푼 모아 기반을 닦고, 극도로 절약하면서 처자식을 부양해 온 선량한 남자가 늘그막에 돌연 횡포를 부리기 시작하여, 자기를 치켜세우며, 오랜 세월 가정을 위해 몸이 으스러지도록 일했는데 결국 돌아온 것은 천대뿐이라고 사사건건 트집 잡는 것을 보면, 과거의 성실했던 생활 자세와는 너무나 거리가 멀어 비애를 느끼지 않을 수 없다.

로버트 앤더슨은 「아버지를 위해 노래한 적은 없다」라는 희곡에서 이런 유형의 인간을 정교하게 묘사하고 있다. 여든이 넘은 톰 가리슨은 신문배달 소년으로부터 출발하여 마침내는 최고 간부가 되고, 퇴직 무렵에는 연봉 5만 달러를 받은 행운의 사나이였다. 그러나 애석하게도 입신출세함에 따라 콧대가 높아지고 끝에 가서는 아들의 숨통을 막아 버리지나 않을까 염려될 정도로 자만심이 극에 달했다. 아들은 이미 마흔 살이 되었는데도 매사에 늙은 아버지의 지시를 따라야 하니 민망하기 짝이 없었다. 어디까지나 자기가 옳다고 믿고 그 확신이 한순간도 흔들려 본 적이 없는 노인과는 도대체 말이 통하지 않았다. 어쨌거나 자기가 옳다는 것은 절대적이었으니, 자식의 처세방식을 선택하고 결정할 수 있는 것도 자기요, 자식의 운명의 열쇠를 쥐고 있는 것도 자기라고 적어도 본인은 확고하게 믿고 있었으므로 어쩔 도리가 없었다.

# 늙은이는 늙은이답게

노년의 위기를 극복하는 데 우선 중요한 것은 자기가 늙는다는 사실을 선선히 인정하는 일이다. 어쩔 수 없이 참는 것이 아니라 새로운 인생을 긍정하고 기운을 내어 재출발을 할 각오를 하지 않으면 안 된다. 불혹의 나이가 지나야 사물의 진가도 알게 되고, 이제까지는 없었던 소중한 기회를 만날 수도 있으므로, 늙는 것은 아무도 피할 수 없는 서글픈 운명이라고 체념하지 말고, 인격 완성의 최종 단계로 접어드는 이 갱년의 문턱을 용감하게 넘어서야 한다. 자기가 노경老境에 들어섰다는 것을 자각한 사람과 그렇지 않은 사람과는 엄청난 차이가 있다. 전자는 침착하고 자제심이 있지만, 후자는 안절부절못하고 자주 투덜대고 사소한 일에도 까다롭게 구는 것이다.

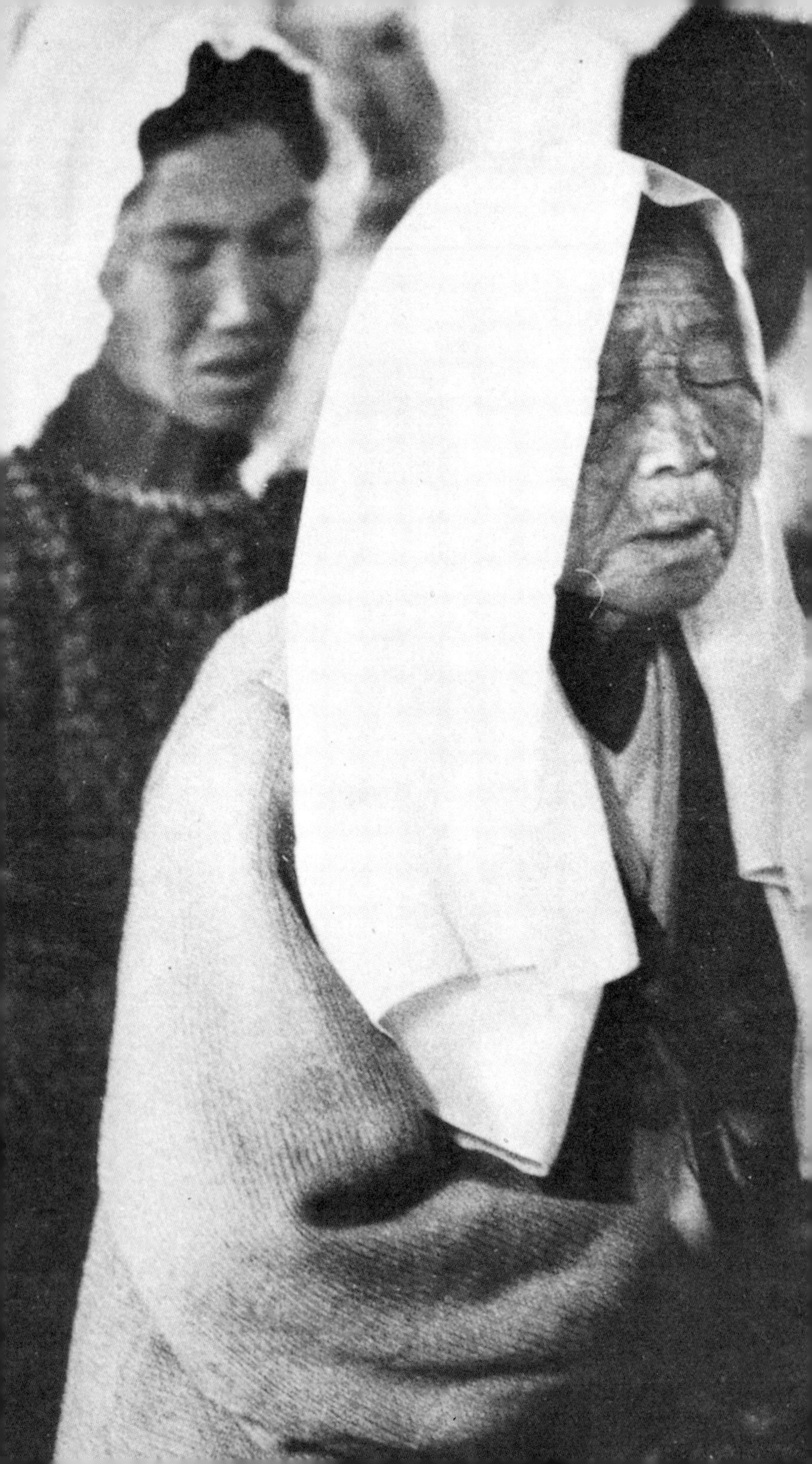

# 깨달음

대범하고 깨끗하게 나이를 먹는 데 도움이 되는 또 하나의 방법은 모든 일에 초연한 입장을 취하는 자세이다. 연부역강年富力强하여 한창 일할 때는 사업, 가족, 재산 등 갖가지 일로 노상 바쁘게 마련이고 또 그래서 주변 사회와의 관계도 밀접하기 때문에 세상 일을 초연한 입장에서 바라볼 만한 여유가 없다. 그러나 노년이 되면 그전과는 달리 수월하게 미련을 버릴 수 있다. 자신의 생활 환경도 소유물도 거리를 두고 바라볼 수 있어 새로운 시야가 열리는 것이다.

이렇게 전체를 객관적으로 전망하는 가운데 차차 사물의 핵심에 접하게 된다. 예컨대, 인생과 사랑, 세계와 신神, 시간과 영원 등을 올바로 이해하게 되는 것이다. 젊었을 때와는 달리 편견에 좌우되지 않고 이해관계를 담담한 심경으로 관찰하기 때문에 사물의 가치도 절로 명백해진다. 노인이 선선히 사리사욕을 버리고 객관적인 태도를 취하게 되면, 젊은이들도 안심하고 의견을 들으러 찾아올 것이다. 권위보다 지혜를 중히 여기게 된 노인은 젊은 세대를 깊이 이해하고 현명한 권고를 할 수 있다. 인생의 경험이 적은 사람들은 그런 노련한 선배를 기꺼이 찾아서 그 지혜를 빌리려 할 것이 틀림없다.

그런데 늙은이의 지혜란 명석하고 날카로운 판단이나 박식博識과는 다르다. 이것만은 아무리 책을 읽어도, 대학이나 대학원에 다녀도 습득할 수가 없다. 사람이 나이를 먹음에 따라 생애의 만년에 가서 무르익어 가는 "마음의 지혜" ― 늙은이의 지혜란 바로 그런 것이다.

현세계는 끊임없이 전진하는 젊은이들의 활력을 필요로 하지만, 한편 그와 동시에 귀중한 전통을 유지하는 믿음직한 지혜에도 기대를 걸고 있다. 노인은 육체적으로는 한창 때를 지났지만, 정신적으로는 바야흐로 완숙의 단계에 있으므로 반드시 응분의 역할을 하지 않으면 안 된다. 친절하고 여유있게, 싱글거리면서 침착하게 적절한 시사를 주는 노인이 있다면, 젊은이들은 용기를 얻어 힘차게 인생을 개척해 나갈 수 있을 것이다.

자기와 세상으로부터 해탈하면 노인은 신앙의 눈을 통해 모든 것을 있는 그대로 바라볼 수 있게 된다. 프랑스의 시인 대사詩人大使 폴 클로델은 「비단신」이라는 희곡의 개막 장면에서 "새로운" 자유를 박진감 넘치게 묘사하고 있다. 해적의 습격을 받고 난파한 배의 돛대에 한 사나이가 묶인 채 대양의 노도에 이리저리 떠다니고 있다. 그 사나이는 예수회의 선교사로서 유일한 생존자이지만 그에게도 죽음은 다가오고 있다. 극의 막이 오름과 동시에 들려오는 그의 독백을 들어 보자.

> 주님, 저를 이렇게 묶어 주셨으니 감사드리나이다. 때로는 주님의 분부가 짐으로만 여겨지고, 주님의 계율 앞에 저의 뜻을 펼 바를 몰라 암담했나이다. 그러나 오늘 이 순간만큼 주님께 가까이 묶여 있어 본 적은 일찍이 없었나이다. 내 몸의 어느 지체를 살펴보아도 주님으로부터 조금이라도 뗄 수 있는 것은 하나도 없나이다. 이렇게 나는 이제 정말 십자가에 달려 있나이다. 그러나 내가 달려 있는 이 십자가는 아무것에도 달리지 않았고, 바다 위를 떠다닐 뿐이오이다.

이 장면을 보면 생애의 황혼기에 있는 노인의 정신 상황을 상상하지 않을 수 없다. 이미 자기 발로 설 자리가 없는 노인은 십자가에 묶인 것이다. 그러나 십자가는 거기에 서 있는 것이 아니라 허공에 떠 있다. 클로델의 극에 나오는 조난당한 신부는 자기가 오래지 않아 바다 속에 가라앉아 버린다는 것을 알고 있다. 그러나 육지와 생명에 대한 집착을 버렸기 때문에, 이제까지 맛본 적이 없는 상쾌하고 평온한 기분이 된 것이다. 이어지는 독백에서 자기를 잊고 말할 수 없이 후련해진 심경을 엿볼 수 있다. 자기는 바다 속에 가라앉지 않으면 안 되지만, 그 가라앉는 곳은 다름 아닌 하늘에 계신 아버지의 품안이라는 것을 그는 깨닫고 있다. 그래서 임종 기도를 외울 때도 자신의 불운은 잊고 이 극의 주인공인 아우 로드리그의 회심을 하느님께 간절히 빈다. 임종의 고통에 몸부림치면서도 자기보다 남을 걱정하는 심성이야말로 그리스도교의 진수라고 할 사랑의 극치가 아닐까.

　순교자들의 전기에서도 이와 비슷한 미담을 읽을 수 있다. 그들은 얼마 뒤에 자신이 죽을 것도 잊고 형장으로 가는 도중 구경꾼들에게 평소 자기가 믿어 온 복음의 가르침을 들려주었다. 물론 그들은 주님 그리스도를 본받으려고 그랬던 것이다. 그리스도께서는 십자가에 못 박힌 상태에서도 그 고통은 입밖에 내시지 않으면서 모친 마리아를 사도 요한에게 맡기셨고, 당신 옆 십자가에 달렸지만 회개한 도둑에게는 천국에서의 재회를 약속하셨다. 그뿐 아니라, 당신을 처형하는 사람들의 일까지 염려하시어, "아버지, 저 사람들을 용서하소서! 저들은 스스로 무슨 짓을 하고 있는지 모르옵니다" 하고 기도하시며 숨을 거두실 때까지 이웃의 행복을 희구希求하셨던 것이다.

# 고독은 은혜

많은 경우, 노인들이 자신의 고독을 슬기롭게 처리할 수 있으면 만년의 어려운 문제는 어느 정도 해결하는 것이 아닐까. 배우자를 먼저 저 세상에 보낸 사람들은 자기 홀로 남았다는 생각만 떠올라도 충격을 받고 풀이 죽는다. 현대 문학에는 사르트르로부터 테네시 윌리엄스에 이르기까지 노상 고독이라는 망령에 시달리는 늙은이들이 자주 등장한다.

나이가 듦에 따라 무엇보다도 견딜 수 없는 괴로움은 고독이라고 많은 할아버지와 할머니들이 술회하고 있다. 죽마고우들이 하나둘 이승을 하직하고 어느덧 자기 혼자만 남아 있다는 사실을 확인했을 때 얼마나 쓸쓸할까(비록 늙었지만 허물없이 자기에게 "해라" 하고 애칭으로 불러 주던 친근한 벗들이 모두 사라졌기 때문이다). 게다가 자녀들도 독립하여 각기 자기네 일로 바빠서 갈수록 발길이 뜸해진다. 그렇다고 새로운 친구를 사귀기도 여간 어려운 일이 아니다. 늙은 자신이 방해가 되어서는 안 된다는 등 체면을 차리며 사양을 하다 보니 좀처럼 새로운 친구는 생기지 않는 것이다. 노인은 한 번이라도 쌀쌀한 대접을 받으면 그만 자신을 잃고 만다. 자기는 어차피 쓸모없는 존재가 되었으니, 아무에게도 도움이 되지 않고 모든 이의 짐이 되고 있다고 속단해 버리고는 방에 틀어박혀 밤새껏 고독을 짓씹는 것이다. 테네시 월리엄스는 「지옥의 오르페우스」라는 희곡에서 어느 등장인물의 입을 빌려, 고독한 노인들의 마음에 짚일 듯한 말을 하고 있다 ― "우리는 모두 방문을 단단히 닫아걸고 자기 안에 틀어박혀 있지. 말하자면 우리는 자기 살갗의 안쪽에서 혼자 살도록 선고받은 셈이야."

노인들은 이러한 고독에 져서는 안 된다. 오히려 사람들에게 뭔가 도움이 되겠다고 마음먹고 가까운 친지들과 계속 교제할 뿐 아니라, 새로운 친구도 만들도록 노력해 보면 어떨까.

가령 혼자 사는 다른 노인을 정기적으로 방문해 말벗이 되어 주는 것도 한 방법이 된다. 다른 사람 일을 이것저것 해 주다 보면 한결 기분이 풀리고 우울한 생각들을 잊을 수 있지 않을까. 노인들 계나 클럽 같은 모임에 드는 것도, 새로운 친구를 사귀고 고독을 잊는 좋은 방법이다.

걷는 게 불편하다면 같은 처지의 노인들과 편지나 전화 통화로 서로 격려하며, 자기 혼자라는 고독감을 멀리하도록 노력해야 한다. 나이가 들면 젊었을 때처럼 편지를 자주 받지 못하니까 생일이라든가 무슨 축일에 짧은 소식이나 축하의 글을 몇 자 적어 보내면 몹시 기뻐할 것이고, 또

혼자 지내는 노인들에게 전화를 걸어 몇 마디 주고받는 것
도 저쪽의 기분을 북돋아 줄 뿐 아니라 이쪽도 고독을 잊
는 데 도움이 되므로 그야말로 일석이조라 할 수 있다.

이처럼 어떻게 해서든지 다른 사람을 조금이라도 도와주
려는 선의만 있다면, 비록 혼자 산다 하더라도 고독한 나
날을 보내지는 않는다.

그러나 병이라든가 그 밖의 부득이한 이유로 사람들과의
교제나 접촉이 불가능해진 경우에는 어떻게 할 것인가. 그
때야말로 전폭적으로 하느님께 신뢰해야 할 것이다. 인간
의 고독을 누구보다도 깊이 체험한 분은, 게쎄마니 동산과
십자가상에서 전 인류를 위해 가장 처절한 고독을 견디어
낸, 하느님의 아들 그리스도이기 때문이다.

홀로 있다는 것은 결코 무의미한 일은 아니다. 뭔가 공
허함을 느끼면 오히려 마음의 눈이 열리고 하느님이 바로
자기 옆에서 조용히 말씀을 건네고 계시다는 것을 의식하
게 된다. 어쩌면 고독은 하나의 은총이 아닐까. 이런저런
일로 자기 홀로 있다는 것을 피부로 느낄수록 사람은 싫어
도 가면을 벗고 자기 본얼굴을 살피지 않을 수 없고, 그 때
문에 신앙도 깊어지고, 하느님과의 적극적인 통교通交를 추
구하고 싶은 생각이 간절해지는 것이다.

노인들이 고독 속에서 혼자 울 때 유일한 희망도 되고 위
로도 되는 것은, 하느님이 바로 자기 곁에 계시다는 것을
생각해 보는 일이 아닐까. 아무리 외로워도 하느님이 옆에
계시니, 사람은 결코 홀로 있는 것은 아니다. 하느님의 현

존을 굳게 믿으면 믿을수록 늙은이로서의 외로움도 잊기 쉽다. 하느님과의 새로운 통교에 의지해서 고독을 이겨 내든가, 아니면 고독의 괴로움을 감당 못하여 자포자기하고 절망에 빠져 버리든가, 사람은 어느 한쪽으로 기울어지게 마련이다. 때때로 하느님은 우리가 마음을 흐트러뜨리지 않고 새로이 당신과의 통교를 깊게 할 수 있도록 일부러 고독의 쓰라림을 체험케 하시는 것이다.

내가 베트남 전선에서 체험한 일을 몇 마디 적어 보겠다. 어느 날 나는 취재 중 끝없이 펼쳐진 정글 속에서 길을 잃고 말았다. 그래서 무성한 숲을 헤치며 정신없이 몇 시간이나 헤매야 했는데, 그때만큼 인간의 세계에서 완전히 동떨어져 있다는 체험을 한 적은 없다. 갑자기 주위의 정적을 깨뜨리는 기관총 소리에 놀라 나는 얼떨결에 땅바닥에 엎드렸다. 조금 전까지만 해도 인기척이 몹시 그리웠는데, 바로 가까이 있을 것이 틀림없는 그 복병들이 적인지 아군인지 알 수가 없어서 섣불리 가까이 갈 수가 없었다. 그럴수록 고독감은 더 깊어졌다. 나는 진탕 속에 얼굴을 묻은 채 꼼짝도 하지 않고 저쪽의 움직임을 살폈다.

삭막한 기분에 잠겨 있을 때, 뜻밖에도 뇌리를 스친 것은, 어렸을 때 뜻도 잘 모르고 애송했던 시편 구절이었다.

지존하신 님의 두둔 아래 사는 너,
전능하신 님의 그늘 아래 머무는 너는,
주께 아뢰라, "하느님은 내 요새,

나의 피난처, 나는 당신께 의탁하외다" 하고.
주께서 정녕 너를 사냥꾼의 올무에서,
모진 괴질에서 구하여 주시리라.
그 나래로 너를 휩싸 주시리니,
그 깃 아래로 너는 숨어 들리라.
그 진실하심이 방패요 무기로다.

너는 밤의 무서움도
대낮에 날아오는 화살도,
어둠 속을 싸다니는 역질도
한낮에 쳐오는 재앙도 두렵지 않으리라.

네 곁에서 천 명이
오른쪽에서 만 명이 쓰러질지라도
너에게는 가까이함이 없으리라.
…
주께서 너를 두고 천사들에게 명하시어,
너 가는 길마다 지키게 하셨으니,
행여 너 돌부리에 발을 다칠세라
천사들이 손으로 너를 떠받치고 가리라.
너 살모사와 독사 위를 걸어다니고,
사자와 이무기를 짓밟으리라(시편 91,1–7.11–13).


하느님의 현존과 섭리를 선명하게 표현한 이 구절을 나직
이 외우다가 나는 돌연 절실히 느꼈다 ― 하느님이 바로
내 옆에 계시며 나를 지켜 주신다는 것을. 위험하기 짝이

없는 적지의 정글 속에서 고립무원의 절박한 궁지에 빠져, 나는 이렇게 하느님이 내 곁에 계시다는 것을 과거 어느 때보다도 깊이 실감했던 것이다.

남달리 쓸쓸하고 외로운 노인들은, 하느님이 당신 자녀들 가운데 함께 계시다는 것을 다짐하고 있는 성서 말씀들을 골라서 좌우명으로 삼고 자주 그것을 묵상함으로써, 결국 자기가 홀로 있는 것은 아니라는 자각을 깊게 했으면 좋겠다. 성서에는 하느님이 우리 가까이 계시다는 것을 깨우쳐 주는 말씀이 많다.

사도 바울로는 아테네 사람들에게 이렇게 말하였다. "그분은 우리 각자에게서 멀리 떨어져 계시지 않습니다. … 우리는 그분 안에서 살고 움직이며 존재합니다"(사도 17,27-28).

예언자 예레미야가 자신에게 위임된 사명을 겁내어 꽁무니를 빼려고 했을 때 하느님은 다음과 같이 부드러운 말씀으로 격려하셨다. "사람을 두려워하지 말라. 내가 늘 옆에 있어 위험할 때면 건져 주리라. 이는 내 말이라, 어김이 없다"(예레 1,8).

여호수아는 주님의 말씀을 듣고 용기를 얻었다. "너는 내 명령을 듣지 않았느냐? 힘을 내고 용기를 가져라. 무서워 떨지 말라. 네가 어디로 가든지 네 하느님 야훼가 너를 떠나지 아니하리라"(여호 1,9).

그리스도께서 이 세상에 오셨을 때에 하느님의 현존은 새로이 선포되었다. "'보라, 동정녀가 몸가져 아들을 낳으리니 그 이름을 임마누엘이라 부르리라' 하였으니, 임마누

엘은 '하느님이 우리와 함께 계시다' 라는 뜻이다"(마태 1,23).

자애로우신 하느님의 현존과 개개인에 대한 배려를 극적으로 표현한 감동적인 말씀은 이사야서에 있다. "여인이 자기의 젖먹이를 어찌 잊으랴! 자기가 낳은 아이를 어찌 가엾게 여기지 않으랴! 어미는 혹시 잊을지 몰라도 나는 결코 너를 잊지 아니하리라"(이사 49,15). 이 말씀은 홀로 외로움을 달래고 있는 많은 사람들에게 얼마나 밝은 희망과 용기를 주는가.

또 그리스도께서는 사도들에게 유언하시는 가운데 당신이 언제나 그들과 함께 계시다는 것을 강조하셨다. "내가 그대들에게 명한 것을 다 지키도록 가르치시오. 보시오, 나는 세상 끝날까지 항상 그대들과 함께 있습니다"(마태 28,20).

하느님은 언제나 우리 가까이 계시다. 그러니 자기 혼자라고 외로워할 필요가 없는 것이다. 중세의 유명한 신비가의 한 사람인 시에나의 성녀 가타리나는 신경의 "주님의 나라는 끝이 없으리이다"라는 구절을 온종일 묵상했다고 한다. 각자 평소에 합당한 기도문이나 성서 말씀을 암송해 두면 외로울 때나 어려울 때 큰 도움이 될 것이다.

늙어 가는 사람만큼
인생을 사랑하는 이는 없다.



인간은 아무리 슬픔에 차 있어도
어떤 심심풀이에 마음이 끌리면
그동안만은 행복하다.
또 인간은 아무리 행복스럽더라도
권태가 자라는 것을 막기 위해
어떤 취미나 오락으로
심심풀이를 하지 않는다면
얼마 안 가서 우울해지고
불행하게 될 것이다.

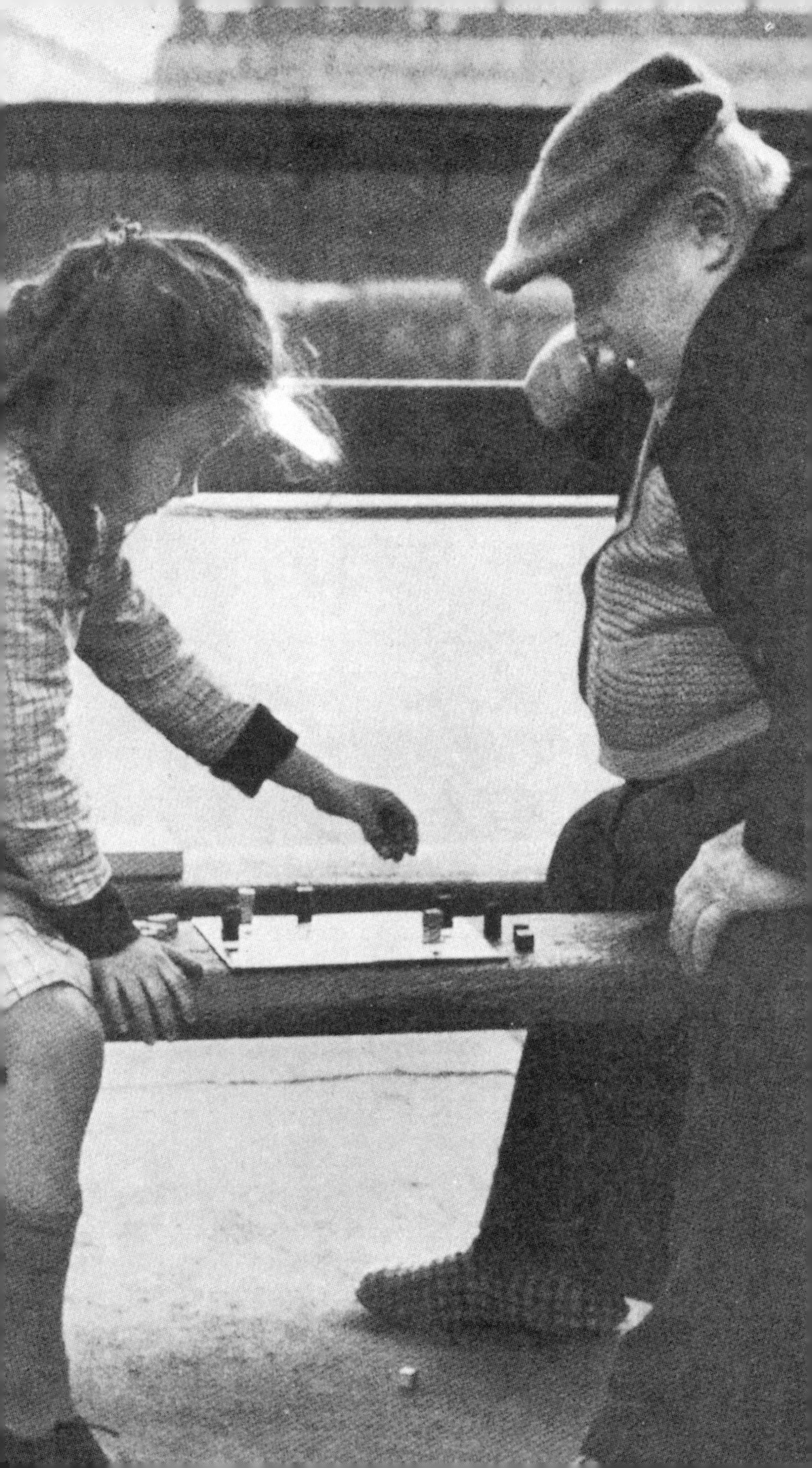

# 회한과 재생

많은 사람들은 50대로 접어들면, 이제까지 걸어온 길을 돌이켜 보고 지난 일들을 이것저것 반성하게 된다. 긴 인생 행로를 더듬어 오는 동안 성공한 일도 있었겠지만 실패한 일도 많았을 것이고, 훌륭한 업적은 새삼 흐뭇하게 회상되겠지만, 태만했다는 비난을 면할 수 없는 일에는 후회와 함께 자책을 느낄 것이다. 그러나 노인들 가운데에는 자기 일생이 조금도 나무랄 데 없이 줄곧 성공만 해 온 양, 사람들을 만나면 장광설을 늘어놓으며 자랑하는 이들이 적지 않다. 그러나 얘기를 들어주는 상대가 없으면 신명나던 추억도 눈 녹듯 사라지고 만다.

체면을 세우기 위해 가면을 쓰거나 분장을 할 수도 없고, 또 영원과 맞닿은 점으로 다가가면서 자신의 참모습이 잘 보이게 되면, 남자건 여자건 노인들은 젊은 날의 이상과 현실 사이에는 마치 심연과도 같은 넓고 깊은 간격이 있다는 것을 싫어도 인정하지 않을 수 없게 된다. 정직한 사람은 자기가 얼마나 헛된 노력을 했는지, 또 얼마나 자주 좋은 기회를 놓치고 목표를 잘못 세워 주위 사람들이나 가족들에게 폐를 끼쳤는지를 상기할 것이 틀림없다. 말하자면 과거의 생활은 방금 손을 댔을 뿐인 조각의 기초작업 같은 것이 아닐까. 물론 괄목할 만한 업적도 있었겠지. 그러나 아마 그보다 실수나 태만으로 인해 실패한 일이 너무 많아서, 실망 또는 환멸에 가까운 느낌을 가진다. 그뿐 아니라 진지하게 반성하면, 제멋대로 설친 일이든가 이웃에게 무관심했던 일, 어려운 처지에 있는 사람들을 충분히 도와주지 못했던 이런저런 일들을 새삼 뉘우칠 것이 분명하다.

과거의 부정행위나 태만을 그대로 넘기고 내버려 두면, 늙어서 심리적 불안의 씨가 된다. 예컨대, 전비前非를 뉘우치지 않고 이웃 사람에게 범한 부정을 보상하지 않은 채 나이를 먹으면, 우연한 기회에 느닷없이 자신의 비열한 모습에 생각이 미쳐 당황하게 되는 것이다.

지난날을 돌이켜 보면 누구나 다소라도 환멸을 느끼지 않을 수 없을 것이다. 아무런 과오도 없는 일생을 보낸 사람은 거의 없으므로, 우리는 각기 자신의 과거를 현재의 생활과 연결시켜야 하며, 그러기 위해서는 이제까지 숨겨 두었던 과거의 죄과를 직시하며 솔직하게 반성할 필요가 있다.

앞에서 말한 것처럼, 지난날의 화려했던 시절을 더듬어 자기도취에 빠져서 사람들을 붙들고 그 자랑을 늘어놓으며 만년을 헛되이 보낸다는 것은 정말 어른답지 않은 잘못된 자세이다. 하지만 그 반대로 쓸데없이 회한에 사로잡히고 양심의 가책에 짓눌려 우울하게 나이를 먹어 가는 것도 지나치게 소심하고 비겁한 태도이다. 불행하게도 이 두 극단적 태도는 늙은이들 간에 흔히 있기 쉬운 경향이며 건강에도 해로운 영향을 끼친다. 과거를 억지로 미화하지 않고 사실 그대로 받아들일 마음의 준비만 되어 있다면 그런 병도 어느 정도 피할 수 있으리라는 것이 심리학자나 정신과 의사들의 일치된 견해이다.

철학자 막스 셸러는 「회한과 재생」이라는 탁월한 논문에서, 과거의 잘못을 어떻게 해석할 것인가에 관해 귀중한 시사를 한다. 셸러가 제기한 문제는 인간이 과거의 행위, 혹은 저지른 과오나 죄를 취소할 수 있는가 하는 것이었다. 시간은 과거로 거슬러 올라가지는 않는 흐름이요, 이미 지나간 것은 되돌릴 수 없고, 몇 년 몇 월 며칠에 이런 일이 있었다는 객관적인 시간은 확실히 과거의 일이다.

그러나 "인간의 시간"은 그렇지 않다. 인간은 강물의 흐름과는 달라서 자기 존재의 과거로 거슬러 올라갈 수 있고, 경우에 따라서는 지나간 일의 일면을 변경할 수도 있다. 생명이 없는 자연은 하나의 차원뿐이고 오직 한 가지 방향으로만 끊임없이 유전流轉하지만, 이에 반해 인간에게는 과거의 행위의 의미와 가치를 좌우할 수 있는 힘이 있는 것이다. 물론 자기가 직접 관계했던 어떤 구체적인 행위와 그 행위로 말미암아 생긴 외면적인 결과는 변경할 수 없지만, 그 내면적인 의미와 가치는 수정할 수 있다. 과거에 있었던 사건의 의미는 언제나 애매한 데가 있고 그 평가도 불충분하기 때문에, 보족補足할 여지가 남아 있는 것이다.

인간은 언제까지나 자신의 과거와 공존하며 그 일체를 지배한다. 회한이라는 행위를 통해 과거의 생활 가운데 추악한 면은 잘라 내고, 나머지 부분을 재평가하여 뜻있는 것으로 바꿀 수 있다. "인간의 시간"이 객관적인 시간과 다른 것은 생명이 없는 자연의 일차원적인 유전에 구속을 받지 않는 점이다. 인간은 누구나 자기 과거의 행위가 지닌 의미와 가치를 지금도 가지고 있기 때문이다. 그런 의미에서 회한은 자기 과거의 생활로 침투해 들어갈 수 있는 행위라 할 수 있다. 회한이야말로 자기 재건을 실현할 수 있는 위대한 힘이며, 정신의 세계에서는 이보다 더 혁명적인 영향을 미치는 것은 없다.

확실히 인간은 회한을 통해 과거의 행위의 의미와 가치를 좌우하는 힘을 갖추고 있다. 따라서 인격의 핵심에서 죄과罪過를 추방하고 건전한 심성을 되찾아, 도덕적으로나 정신적으로 또는 종교적으로 재생할 수 있다. 이제까지 회한에 관하여 갖가지 해석을 해 왔지만, 결국 후회막급이라든가 "엎지른 물은 다시 담을 수 없다"는 것이 사회적 통념으로 되어 왔다. 그러나 셸러는 회한이야말로 위대한 역설이라고 설파한다. 즉, 인간은 과거의 행동을 돌이켜 보고 그 속의 추악한 부분을 단호히 잘라 내기만 하면, 자유와 쇄신과 재생을 기약하며 미래를 즐겁게 건설해 나갈 수 있다는 것이다.

그러나 회한과 재생에 관한 셸러의 심오한 철학적 사색은 통회의 신비에 관한 신학적 교의에 의해 보완될 필요가 있다. 아무튼 과거의 실수를 적극적으로 처리할 수 있는 좋은 방법이 있는데도, 많은 사람들이 주체하기 어려운 마음의 부담을 안고 괴로워하는 것은 참으로 애처로운 일이 아닐 수 없다.

그리스도는 전비前非를 뉘우치고 마음을 바로잡으려는 사람들에 대하여, 그 옛날 복음서의 저 죄많은 여인에게 "그대는 죄를 용서받았습니다"(루가 7,48)라고 하신 말씀을 어느 시대 어느 곳에서나 되풀이하고 계시다. 또한 그리스도가 전 인류의 구원을 위해 수난하시기 전날 밤 죄의 용서에 관해 하신 말씀은 오늘날에도 모든 사람에게 건네지고 있다. "그대들은 슬퍼하겠지만 그 슬픔은 기쁨으로 바뀔 것입니다. … 그대들도 지금은 슬픔에 잠겨 있지만, 내가 다시 그대들을 보게 되면 그대들의 마음은 아무도 빼앗지 못할 기쁨으로 넘칠 것입니다"(요한 16,20-22).

어떤 사람은 아무쪼록 최선을 다해 과거의 실패를 보상하고 싶어서, 나이가 들수록 하느님과 친밀하게 되는 것 같다. 죄과에 이런 밝은 면이 있다는 것은 교회 찬미가의 한 구절에서도 엿볼 수 있다.

아담이 지은 죄,
그리스도의 죽음이 씻은 죄,
오 복된 탓이여,
너로 말미암아
위대한 구세주를 얻게 되었도다(부활 전야의 「부활 찬송」에서).

"복된 탓!" 이 또한 얼마나 거침없는 역설적 표현인가.

# 정신력의 활용

새로운 기쁨과 용기를 향유하는 노인들도 많다. 육체는 늙었지만, 의욕만은 아직 왕성하다는 것을 확신하게 되면 몸이 쇠약해질수록 자기 안에 깊이 간직되어 있던 정신력을 끌어내어, 체력의 상실로 인한 어려움을 극복해 가는 노인의 모습을 심리학자나 소설가들은 즐겨 작품 소재로 다루고 있다.

심리학에 의하면, 몸에 결함이 있는 사람이나 어떤 일에 남달리 서투른 사람은 오히려 그것이 자극이 되어 정신적인 노력으로, 건전한 사람들 못지않게 훌륭한 일을 해내는 수도 있다. 얼굴이 못생긴 소녀도 분발하면 공부나 체육에서 우수한 성적을 올리고 자기보다 매력있는 친구들 못지않은 인생행로를 개척할 수 있는 것이다.

노인도 마찬가지다. 노쇠를 절감할수록 오히려 분발하여, 노년의 장애나 시련, 환멸 등을 자극제 혹은 기폭제로 삼아 내면에서 정신력과 창조력을 개척하여 새로운 인간으로 변모해서 좌절이나 패배를 승리로 전환시킬 수 있다.

많은 노인은 비록 체력은 약해져도 아직 정신력은 남아 있다는 것을 자각하지 않는 듯, 내면의 잠재 가능성을 전혀 개발하려 하지 않는다. 이것은 참으로 애석한 일이라고 생각한다. 인간의 성숙·발전에는 두 가지 가능성이 있는 것 같다. 하나는 정신이 생리적인 조건에 따라 곡선을 그리며 무의식적으로 변해 가는 경우이다. 즉, 오래 살기는 하지만 인간으로서 보람 있는 삶을 영위하고 있다고는 말할 수 없는 인생이다. 정신력도 두뇌의 사고도 둔해진 노인은 무위도식할 뿐, 장수한 기쁨도 보람도 맛볼 수 없다. 다른 하나는 그와는 달리, 고령에도 기력이나 정신력이 활기에 넘쳐, 뜻있는 독창적인 사상이나 훌륭한 예술작품을 만들어 낼 수 있는 가능성을 추구한다. 괴테는 이런 사실을 깊이 통찰하고 있다. 말하자면, 인간이란 젊었을 때는 자기 몸에 "의지해서" 살아가지만, 나이를 먹어 늙으면 자기 몸에 저항하면서 살아가야 한다는 것이다.

인간은 체력이 약해지기 시작하면서 내적으로 성숙하고 꽃피울 힘과 가능성을 분명히 간직하고 있다. 젊어서 "한창 일할 시절"에는 살기 위해 필요한 것을 손에 넣는 데 정력을 기울이는 것이 보통이고, 마음속 깊이 잠재해 있는 능력은 잊은 채 내버려 둔다. 나이가 들어야 비로소 이 심층의 미개척 부분에 생각이 미쳐, 그 능력을 개척하게 되는 것이다. 자아의 심층에 숨어 있는 이 보물을 캐내는 데는 규칙적으로 명상하는 것이 큰 도움이 된다. 명상에 잠긴다는 것이 그렇게 간단하지는 않지만 요령을 알면 그 효

과가 두드러지는 것이다.

내가 노인들에게 병자 성사를 주었을 때의 체험인데, 이상하게도 노인 몇 분은 이 성사를 받은 후 눈에 띄게 기력을 회복했을 뿐 아니라 병세도 호전되는 것을 보았다. 육체와 정신의 관계는 아직까지 큰 수수께끼로 알려져 있지만, 어쨌든 나는 내 경험에서 인간의 정신력과 육체의 건강은 확실히 어떤 긴밀한 관계가 있다고 결론짓고 싶다. 노인의 육체는 물론 날로 쇠약해지게 마련이지만, 지적으로 눈뜨고 있느냐 아니냐에 따라 성공도 하고 실패도 한다는 것을 생각하면, 인간은 자기 내면에 잠재해 있는 심리적 힘이나 지적 힘 또는 정신적 힘을 최대한으로 개발해서 노년을 기다려야 한다. 최근 노인학老人學 전문가에게 들은 이야기로, 노인 문제를 해결하는 데는 그럴듯한 노인 클럽 같은 것을 설립하기보다는, 십대의 남녀 젊은이들에게 지적인 면에서 많은 자극을 줄 수 있는 교육을 실시하여 심리적으로 성숙할 수 있는 기회를 마련해 주는 것이 오히려 그 지름길이 된다는 것이다.

많은 노인은 은퇴와 동시에 갑자기 마음속에 생긴 공백과 죽을 때까지 씨름하고 있다. 안절부절못하고 이것저것 일을 해 보지만 그것도 잠시뿐이다. 평소에 학문이든 미술이든 음악이든 종교든, 취미생활을 하면서 뜻있는 만년을 준비해야 한다. 은퇴할 때까지 미술을 제대로 감상할 소양을 갖추지 못한다 할지라도, 단념하지 말고 적절한 지도를 받으며 꾸준히 연구해 가면 놀랄 만한 성과를 거두게 된다.

　심리학적 견지에서 엄밀하게 말하면, C. G. 융의 통찰은 이런 경우에 그 진가를 발휘할 수 있다. 심리학자 융은, 인간은 보통, 자기 정신적 능력의 절반만으로 활동하고 생활하고 있으며, 나머지 절반은 활용하지 않은 채 사장死藏하고 있다고 한다. 지난 20~30년 동안 심리학에 의해 밝혀진 인간의 경이적인 심층에 관하여 옛날 사람들은 물론 알았을 리 없겠지만, 오늘날에도 대부분의 사람들은 여전히 정신의 일부분만으로 생활하면서, 갖가지 가능성을 잉태하고 있는 내면의 자아가 지닌 그 여러 심층은 거들떠보지도 않고 있는 것 같다. 골드브루너의 말을 빌리면 "혼魂 안의 여러 방은 닫혀진 채 한 번도 열리지 않고 있는 것이다".

　모든 인간의 마음속에는 활력(에너지)의 대보고大寶庫가 숨겨져 있다. 그것을 알고도 이제까지와 다름없이 "재능"의 절반만을 활용해도 좋을까. 쓰지 않고 잊혀져 있었던 그 활력을 개발하여 정신통일을 이루는 것이야말로 도덕적인 의무가 아닌가. 인간은 전반생前半生에서는 정신 에너지의 일부만을 사용해도 상당한 활동을 할 수 있지만, 후반생으로 접어들면 그 사장해 온 가능성을 적극적으로 활용하지 않을 수 없을 때가 오는 것이다. 실제로 많은 사람들이 나이가 들어도 성숙의 경지에 도달하지 못하고 공허한 나날을 보내는 이유는 혼 속에 강력한 활력이 간직되어 있는 사실을 깨닫지 못하고 있기 때문이다.

　융에 의하면, 새로이 발견된 이 정신 영역을 활용하는 것이 심리적 건강을 위해서나 보람있는 인생을 보내기 위해서나 꼭 필요하다. 혼 내부의 의식된 부분과 의식되지 않은 부분을 결합하여 광범위한 정신통일을 이루는 것은 심리학의 과제일 뿐 아니라 도덕의 요청이기도 하다고 융은 생각하고 있다.

되풀이해서 말하지만, 인간 개성의 미개발 부분을 활용해 가는 작업은 은퇴한 후에도 결코 늦지 않다. 참을성있게 낙천적인 마음을 가지고 노력해 가노라면, 본인도 놀랄 만큼 신기한 효과가 나타나게 된다.

인생의 샘은
영원을 향한 끊임없는 갈망이며
하느님을 향한 동경이다.

슐레겔


인간은 단순히
연령과 함께 늙는 것은 아니다.
이상을 상실하기 때문에 늙는다.
나이와 함께
피부에는 주름살이 질 것이다.
그러나 이 세상 일에
흥미를 잃어버리지 않는다면
그 마음에는
주름이 잡히지 않을 것이다.

맥아더

# 만년의 결실

앞에서 말했듯이, 사람은 누구나 생활연령과 생리연령과 심리연령 등 세 가지 나이를 먹어 간다. 실제 나이는 많아도 마음의 나이는 젊을 수도 있다.

역사를 돌이켜 보면 남자건 여자건 위대한 인물은 고령이 되어 생리적으로는 늙어도 나이 때문에 위축되지 않고 오히려 그 나이를 발판으로 하여 어려운 사명을 맡아 훌륭한 공적을 남긴 사례가 적지 않다.

고대 그리스 사람들도, 나이가 많아짐에 따라 육체적인 욕망과 능력은 줄어들지만, 정신적인 가치세계에 새로운 지평선이 나타난다는 것을 알고 있었다. 플라톤의 「국가」 서두에서, 늙은 케파르스는 소크라테스를 맞으며, 자기는 노경에 이르러 비로소 인생의 근본 문제를 진지하게 토론하고 싶은 생각이 들었다고 말하고 있다 — "나는 육체의 즐거움이 줄어들수록 뜻있는 이야기를 하고 싶다는 소망과, 또 그런 얘기를 할 때의 기쁨이 자꾸 북받치는 것을 실감합니다."

생활연령이 많다고 해서 앞으로의 모든 계획을 단념해서는 안 된다. 만년에 가서 위대한 업적을 남긴 사람들을 본받아 우리들도 심리연령만은 언제까지나 젊었으면 좋겠다.

위대한 예술 작품이나 과학의 경이적인 성과를 만년에 가서 이룩한 사람들이 많다. 소포클레스가 「콜로노스의 오이디푸스」를 쓴 것은 여든 살 때였다. 괴테가 「파우스트」를 완성한 것도 여든이 넘어서였다. 다니엘 드포는 갖가지 직업을 바꾸어 가며 유랑생활을 하다가 쉰아홉 살이 되어서야 「로빈슨 크루소」를 썼고, 그 후 5년 동안에 여섯 편의 소설을 썼다. 칸트는 쉰일곱 살 때 「순수이성비판」을 발표했고, 미켈란젤로는 로마의 성 베드로 대성전의 돔을 일흔 살 때 완성했다. 베르디, 하이든, 헨델 등도 고희의 나이를 넘어 불후의 명곡을 작곡했다. 렘브란트나 모네의 그림, 예이츠의 문학에서 걸작으로 손꼽히는 것들도 생애의 만년에 가서 완성되었던 것이다. 아인슈타인이나 슈바이처 역시 노경에서도 창조적인 일을 많이 했다. 프랑수와 모리악은 그의 마지막 소설이 완성된 경위를 다음과 같이 말하고 있다. "여든의 생일을 맞은 날 나는 혼잣말을 했다 — 아직 당분간은 죽을 것 같지도 않으니까 소설을 하나 더 써 보자." 이렇게 해서 모리악은 그의 마지막 작품 「지난날의 청년」을 쓰기 시작했던 것이다. 이 소설은 1969년, 모리악이 여든세 살 때 출판되어 프랑스에서 베스트셀러가 되었다.

정치인들 중에는 처칠, 간디, 글래드스턴, 드골, 아데나워 등을 들 수 있다. 그들은 오히려 노령에 이르러 각기 조국의 정치에 위대한 공헌을 했다. 글래드스턴은 여든넷이라는 고령에 수상이 되었고, 아데나워는 1949년 63세 때 독일의 수상으로 선출되었다. 여느 사람 같으면 은퇴할 채비를 하려는 나이에 아데나워는 전혀 생각지도 않았던 새로운 경력을 밟기 시작하여, 현대사에 혁혁한 발자취를 남긴 대정치가가 되었던 것이다. 그는 그 후 두 번이나 연임하여 14년간에 걸쳐 수상으로서의 중임을 완수하고 77세 때 세인들이 아쉬워하는 가운데 은퇴하였다.

여러 문학작품에서 이야기되듯이, 중년까지는 이렇다 할 중요한 일을 못하고 실패만 거듭해 오던 사람들이 결국 오랜 세월의 노고가 열매를 맺어 만년에 가서 그 진가를 발휘하는 경우가 많다. 이런 "대기만성"의 실례는 이루 예거할 수 없을 만큼 허다하다. 노르웨이의 노벨 문학상 수상작가 시그릿 운셋 여사는 「크리스틴 라브란스닷터」라는 소설에서, 여주인공 크리스틴의 생애를 네 단계로 나누어 묘사하고 있다. 첫째는 행복했던 어린 시절, 둘째는 반항적인 소녀 시절, 셋째는 불행한 결혼생활, 넷째는 만년이다. 크리스틴은 갖은 신산辛酸과 고초를 겪은 끝에 마침내 여자로서도 그리스도 신자로서도 참으로 원숙하고 영웅적인 대오大悟의 경지에 도달한다.

인간은 노년을 맞을 무렵이 되면 자기 내면에 전혀 새로운 차원이 있었다는 것을 깨닫는 수가 있다. 죽기 몇 해 전이나 혹은 몇 달 전에 그때까지 잠자고 있었던 힘이 돌연 깨어나 훌륭하게 꽃피는 예를 모리스 웨스트의 「악마의 변

호인」이나, 일본의 대표적 영화감독 구로자와 아키라黑澤明
의 명화「산다」에서 찾아보자.

웨스트의 소설 주인공인 브레즈 메러디드 신부는 교양
있는 영국인으로서 오랜 세월 바티칸 교황청의 사무국에서
일했다. 사람은 좋지만 너무 냉정하고, 편향적인 성격이라
할까 매사에 정확하고 빈틈이 없지만 인정에 매이지 않아
동정이나 연민을 모른다. 그래서 세상 사람들의 기쁨이나
슬픔, 괴로움이나 고통을 사실은 이해할 수 없었다.

어느 날 메러디드 신부는 죽음의 선고를 받는다. 암에
걸려 앞으로 반년, 길어도 1년밖에 살지 못한다는 것이었
다. 그는 이탈리아의 어느 마을로 이른바 "악마의 변호인"
으로서 파견된다. 실은 지아코모 네로네의 열성조사列聖調査
에 입회하여, 네로네가 과연 영웅적인 성자로서의 생애를
보냈는지 어떤지를 심의할 때의 검사역檢事役을 맡도록 지
시를 받은 것이다. 이 대목부터 소설의 줄거리는 아름답게
전개되어 간다. 냉정하고 감정이 메마르고 걸핏하면 이론
적으로 따지곤 하던 성직 관료였던 메러디드는 어느 사이
엔가 동정심이 깊은 상냥한 신부가 되어, 결국 이웃 사람
을 사랑하지 않는 한 하느님을 사랑할 수 없다는 진리를
깨닫게 된다.

언제 보아도 단정하고 주제넘게 나서지 않으며 정에 매
이지 않고 무슨 일에나 열중해 본 적이 없는 이 사람이 뜻
밖에 죽기 전해에 이렇게 이탈리아의 시골 사람들과 함께
생활하면서 그들의 긍지와 애환, 사랑과 좌절을 같이 나누

는 사람으로 변모한다. 지아코모 네로네의 일은 결국 이 소설에서 아무래도 상관없는 것이며, 중요한 것은 브레즈 메러디드가 예전부터 언제나 자기 안에 깃들어 있던 미지의 윤택한 일면을 암으로 죽기 전에 발견하고 그 성품이 완전히 변했다는 사실이다. 로마를 떠날 때까지는 탁상공론만을 일삼고 마음속까지 서류뭉치의 먼지로 뒤덮인 듯했던 메러디드 신부는 인정이 두터운 참된 신앙인으로서 이 세상을 하직한다. 나는 노년기를 맞이한 사람들에게 이 소설을 꼭 한 번은 읽도록 권하고 싶다.

「산다」는 1952년에 구로자와 아키라 씨가 제작한 영화로서, 영화평론가들 중에는 이것을 영화사상 최대의 걸작이라고 극찬하는 사람들도 있다. 이 영화는 역시 암에 걸려 이제 살 날이 반년밖에 남지 않은 것을 안 어떤 노인이 그 남은 나날을 유익하게 보내려고 눈물겨운 노력을 한다는 감동적인 줄거리로 엮어져 있다. 그는 읍사무소의 말단 공무원이었지만 마침내 퇴직하고 보니, 자기가 이제까지 긴 세월을 살아오면서도 정작 해 놓은 일이라고는 아무것도 없다는 사실을 돌연 깨닫는다. 앞으로 얼마 살지 못할 목숨이지만 인생의 의미는 한번 찾아보리라 마음먹고, 쇠약해진 몸을 채찍질하며 마지막 반년을 다른 사람들을 위해 바칠 것을 결심한다. 그 읍에서는 이전부터 어린이 공원을 만들 계획을 미루어 오고 있었다. 그는 엄격히 법대로만 일을 처리하는 옛 동료들을 찾아다니며 설득한 끝에 마침내 이 계획을 실현시킨다. 딱딱한 공무원 생활을 오래 해 온 이

노인은 생애의 마지막 반년 동안 성심껏 다른 사람들을 위
해 봉사하는 자선가가 되었던 것이다. 영화의 마지막 장면
에서는 놀이터의 그네를 타고 천천히 흔들리며 노래를 흥
얼거리는 노인의 모습이 인상적으로 부각된다. 노인은 그
런 자세로 죽어 간다. 사는 것도 사랑하는 것도 깊은 의미
가 있다는 것을 확신하면서.

부부란
두 개의 반신이 되는 것이 아니고
하나의 전체가 되는 것이다.

반 고흐


남편과 아내가 서로 잘 이해하고
긴 세월을
한결같이 동고동락해 왔을 때에는
참으로 깊은 정,
다시 말해서
뭐라 설명할 길이 없는
무의식적인 공감 같은 것을 나누며
금실의 낙을 누린다.

# 두려움과 불안

두려움과 불안은 노경에 따라오게 마련이다. 병에 걸려 죽지는 않을까, 용돈이 떨어지지는 않을까, 벗들이 하나둘 곁을 떠나 버리고 혼자 남지는 않을까, 성생활도 할 수 없게 되고 결국 세상 사람들이 모두 자기를 저버리게 되지는 않을까. … 이제 자기는 여생을 어떻게 보내야 좋을까, 이렇게 온갖 사념思念이 꼬리에 꼬리를 물어 번민의 나날을 보내고 있는 노인들이 의외로 많은 듯하다. 이런 걱정거리 가운데 한 가지라도 실제로 체험하게 되면 무서운 연쇄반응을 일으켜, 이제까지 자신을 가졌던 일에마저 불안을 느끼고 어찌할 바를 모르게 된다.

키에르케고르는 공포와 불안은 다르다고 말하고 있다. 공포는 가령 뱀이라든가 폭력이라든가 특정의 사물이 원인으로 작용하여 일어나게 된다. 그러나 불안은 이렇다 할 계기도 대상도 없는데, 안정감을 잃고 자꾸 속이 달아오르며 조마조마해지는 것이다. 그러니까 노인들은 두려움보다 오히려 불안에 시달리는 경우가 많을는지 모른다. 구체적인 이유라곤 하나도 생각나지 않는데 왜 그런지 쓸쓸하고 외로운 느낌이 뼛속까지 스며드는 것이다.

두려움과 불안에는 두 가지 국면이 있다. 물론 두려움과 불안에 사로잡히면 위축되지만, 만약 그것을 적당히 참아 받으며 극복한다면 유익할 수도 있다.

이런 공포와 불안이 일신一身의 파멸을 초래한다는 실례가 앞에서 말한 구로자와 감독이 제작한 또 하나의 명화 「산 자의 기록」에 생생하게 묘사되어 있다. 2차 대전 후 어느 철강회사의 사장인 한 노인이 느닷없이 망상에 사로잡힌다. 머지않아 일본 전국이 원자폭탄 세례를 받아 깡그리 소멸하고 만다는 것이다. 공포는 날로 심해 갈 뿐이었다. 노인은 재앙이 가까이 닥쳐왔다는 것을 일가친척들에게 납득시키려고 애쓴다. 그리고 공장을 팔아 재산을 정리하고 가족들과 함께 남미로 이주하려고 동분서주한다. 그러나 가족이나 친척들은 그런 터무니없는 망상을 겁내어 해외로 이주한다는 것을 우스꽝스럽게 여기고 아무도 노인을 상대하지 않았다. 노사장은 공포에 떨면서, 어떻게 해서든지 가족과 함께 일본을 탈출해야겠다고 생각한 끝에 고육지책으로 마침내 자기 공장에 방화放火를 한다. 그는 애처롭게도 이렇게 고백한다. "그 후로는 너무 무서워 몸둘 바를 몰랐고 … 아무 일도 손에 잡히지 않아 … 그저 생지옥 같은 나날이었지."

그러나 불안이나 두려움은 인간에게 도움을 줄 때도 있다. 인간은 두려움이나 불안을 느끼면 멍청하게 방심하고 있을 수가 없어 자신의 적나라한 모습을 직시하게 된다. 그러니까 자신이 보잘것없고 덧없는 존재라는 것을 싫어도 인정하지 않을 수 없지만, 그 대신 노력하면 해낼 수 있는 일이 아직 많은 것 같은 기분이 들기도 한다. 인간은 젊었을 때는 자기 육체를 마음대로 이용할 수 있기 때문에 지나치게 자신을 가지고 혼자 힘으로 무엇이든지 할 수 있다고 생각한다. 그러나 늙어서 불안을 느끼면 자신의 처지에 눈뜨게 된다. 말하자면, 자기는 하느님의 손으로 빚어진 존재요, 자칫 잘못하면 언제 굴러 떨어질는지 모르는 심연의 가장자리에서, 하느님의 끊임없는 창조적 섭리로 지탱되어 목숨을 부지하며 살아가고 있다는 실태를 깨닫게 되는 것이다. 따라서 두려움과 불안은 인간으로 하여금 그 자신의 참모습을 직시케 한다는 의미에서 건전한 체험이 되는 것이다.

키에르케고르는 불안을 느낀 적이 없다고 자부하는 자는 인간답게 살고 있지 않다는 증거이므로 경멸되어야 마땅하다고까지 말한다. 실제로, 불안은 자유를 의식하기 때문에 생긴다. 바꾸어 말하면, 불안은 인간이 저마다 개성과 자유를 가지고 있다는 하나의 표지다. 따라서 불안 체험은 자유를 마주 보며 양자택일을 강요당할 때에 느끼는 고뇌라고 생각할 수 있다. 키에르케고르는 이 체험이야말로 일상생활의 한정된 테두리를 넘어 피안의 세계로 비상飛翔하는 데 불가결한 과정이라고 말한다. 요컨대, 인간이 참으로 인간다운 행복을 누리려면 기꺼이 불안을 체험해야 한다. 불안을 적절히 처리하게 되면 인간으로서는 가장 중요한 것을 체득한다고 말할 수 있다.

키에르케고르는 독일 철학자 하만의 말을 원용援用하여, 이 세상에는 어딘가 모자라는 데가 있고, 그것이 원인이 되어 우리는 이 세상에만 만족할 수는 없고, 불안이란 말하자면 그 불완전성을 나타내는 징표라고 한다. 우리는 끊임없이 향수鄕愁를 느끼며 뭔가 모르게 안정감을 잃고 있다. 그런데 바로 이 느낌이야말로 흘러가 버리는 세월과 함께 우리가 사라져 없어지지 않도록 지켜 주는 불이라고도 할 수 있다. 히느님의 자애로운 섭리에 의탁하면 우리는 어떤 일이 있어도 불안을 극복할 수 있다. 또한 잘못을 저질렀더라도 진심으로 보속하면 마음을 놓아도 좋은 것이다.

현대 문학에서도 오히려 불안을 통해 구원받은 인간의 체험이 풍부하게 묘사되어 있다. 키에르케고르가 어느 정도 냉정하게 이론적으로 다룬 것을, 독일의 여류 작가 게르트루트 폰 르 포르와 프랑스의 작가 조르주 베르나노스는 생생한 드라마로 엮어 냈다. 르 포르가 프랑스혁명을 배경으로 쓴 소설 「단두대 최후의 여인」의 주인공 브랑슈는 노상 걱정거리가 많은 처녀여서, 가르멜회에 들어가서도 아침부터 저녁까지 매사에 근심만 하기 때문에 수도생활을 계속할 수 있을까 염려되었다. 마침내 수녀들은 혁명파 사람들에게 끌려가 태연히 죽음을 맞는다. 그런데 이 젊은 수련수녀 브랑슈는 다른 수녀들과는 너무나 대조적으로 여전히 불안에 떨며 어찌할 바를 모른다. 그러나 브랑

슈는 자신이 비참할 만큼 초라함을 뼈저리게 느낄수록 겸
손하게 되어 하느님의 섭리에 의탁하게 된다. 사람의 이같
은 나약함이야말로 하느님의 은총이 작용하는 장場이다.
그리하여, 바로 키에르케고르가 말한 대로, 두려움은 신앙
을 통해 오히려 이 젊은 여인을 구원하는 힘으로 변한다.
열여섯 명의 수녀들이 드디어 단두대로 올라갔을 때, 브랑
슈는 돌연 공포와 불안의 멍에에서 풀려나, 구경하러 몰려
든 군중을 헤치고 결연히 앞으로 나선다. 단두대의 수녀들
이 "오소서, 성령이여"를 반쯤 부르고 절명하자, 브랑슈는
그 뒤를 이어 끝까지 불렀다. 그리고 거의 미친 듯이 날뛰
는 여자들에게 붙들리어 훌륭하게 순교를 한다. 베르나노
스는 이 소설을 각색하여 「가르멜회 수녀의 대화」라는 희
곡을 썼다. 그 주요 테마는 독일어판의 매우 적절한 표제
「은혜로운 불안」*Die begnadete Angst*에 잘 나타나 있다. 한마디
로 정의하자면 그리스도인의 불안은 "은혜로운" 불안이다.
하느님을 믿는 사람에게는 불안이 오히려 복되고 유익한
체험이기 때문이다.

# 걱정하지 말라

많은 노인들은 걱정하는 것이 마치 무슨 도락道樂인 것처럼 과서의 일, 현재의 일을 되새기며 괴로워하고 또 앞으로의 일도 이것저것 염려한다. 열심한 그리스도 신자들마저 신앙의 뒷받침이 있다는 것을 잊고 공연한 걱정을 하며, 안해도 될 고생을 하는 경우가 적지 않다. 나는 중년의 한 일본 그리스도인에게, 도대체 그리스도교의 어떤 점이 마음에 드냐고 물은 적이 있다. 그러자 그 사람은 즉시 "산상설교"의 한 구절을 인용하면서 자기 체험을 말했다.

이 나이에 이르기까지 크고 작은 근심·걱정에서 헤어난 적이 없었습니다. 하루는 사업 걱정, 다음 날은 건강, 그다음 날은 아이들에 관해 걱정하고, 또 그다음 날은 내 장래, 또 그 이튿날은 노후를 근심하는 등 걱정거리가 끊이지 않고 꼬리를 물었으니 마음 편할 때가 없었지요. 솔직히 말해서 하루도 유쾌하게 지낸 적이 없었습니다. 줄곧 이런 생활을 되풀이해 오다가 우연히 "산상설교"의 한 구절을 읽고 하느님의 섭리를 알게 되었습니다. "목숨을 위해 무엇을 먹을까 혹은 무엇을 마실까, 또 몸을 위해 무엇을 입을까 걱정하지 마시오"(마태 6,25). 하늘에 계신 아버지께서 날아다니는 새나 들꽃까지도 보살피신다는 것을 생각하니, 그 순간 어깨의 무거운 짐을 벗어 놓은 듯한 느낌이 들었어요. 하느님이 날짐승이나 들꽃조차 돌보아 주신다면 반드시 나 자신의 일도 배려하고 계실 것이 틀림없다고 확신했기 때문입니다. 내가 아무리 고민하고 걱정해 봤자 별수 없다는 것을 깨달은 겁니다 ….

사실, 우리는 일상생활에서 이것저것 부질없는 걱정을 할 때가 많다. 그것도 터무니없는 걱정을 할 경우가 더 많지 않을까. 그리스도께서는 우리 그리스도인이 언제나 기쁨을 누리는 사람이 되기를 바라신다. 그러니 어려운 문제나 걱정거리 때문에 우울한 얼굴을 해서는 안 된다. 더구나 그리스도께서는 바로 우리 인간을 괴로움과 고통에서 해방하는 힘 자체이시다. 그분은 이렇게 말씀하셨다. "수고하며 짐진 여러분은 모두 나에게로 오시오. 내가 여러분을 쉬게 하겠습니다. 나는 온유하고 마음이 겸손하니 내 멍에를 메고 나에게서 배우시오. 여러분의 영혼이 안식을 얻을 것입니다. 내 멍에는 편하고 내 짐은 가볍습니다"(마태 11,28-30). 성 베드로도 "모든 근심을 그분에게 내맡기시오. 그분이 여러분을 돌보십니다"(1베드 5,7) 하고 말했다.

신앙과 신뢰와 희망을 가지고 그리스도와 친밀히 결합해 간다면, 무거운 짐도 가벼워지고 걱정거리도 없어진다.

# 불의의 사태에 대비하여

흔히 노인들이 위기에 부닥치게 되는 것은 불의의 사태가 발생했을 때다. 급작스럽게 병에 걸리거나 재난을 당하면 당황하여 갈피를 잡지 못하고 비탄에 빠지는 수가 많다. 경우에 따라서는 죽을 때까지 그 충격에서 벗어나지 못하고, 사람을 만나면 주책없이 하소연을 늘어놓으며 나날을 보낸다. 하늘을 원망하는 사람도 있다. 자기를 이렇게 지독하게 고생시키는 장본인은 바로 하느님이라는 것이다.

그러고 보니, 조르주 베르나노스의 소설 「시골 사제의 일기」에 나오는 백작부인 같은 사람이 바로 그 전형이라고 해도 좋을 것이다. 부인은 설마 아들이 자기보다 먼저 죽으리라고는 꿈에도 상상한 적이 없었기 때문에, 아들을 잃고는 하느님을 저주한다. 본당신부 앞에서 부인은 자기 아들을 졸지에 죽게 한 하느님을 결단코 용서할 수 없다고 증오에 찬 폭언을 한다. 마음속에 한이 맺혀 부인은 자기 딸과도 말을 하지 않아, 딸은 고독을 견디다 못해 자살하려고까지 한다. 본당신부는 번민의 나날을 보내고 있는 불행한 부인을 동정하여 조용히 타이른다.

하느님을 향해 주먹을 휘두르며 욕설을 퍼붓고 싶으면 그렇게 하세요. 그리스도의 얼굴에 침을 뱉고, 그 몸을 채찍으로 후려치고 십자가에 못 박아도 괜찮아요. 하지만 이제 그래봤자 무슨 소용이 있습니까. 하느님은 먼 옛날 벌써 그런 변을 당하셨으니까요 ….

부인은 자리에 누워 임종할 무렵이 되어서야 "지옥이란 사랑하지 않는 상태"라는 것을 겨우 깨닫게 된다. 부인은 원망과 증오로 이성을 잃은 끝에 일부러 하느님을 멀리하고 자기가 만든 지옥 속에 틀어박혀 있었던 것이다. 그렇지만 마침내 화해의 길이 열린다. 「시골 사제의 일기」의 저 잊을 수 없는 마지막 말 — "모든 것은 은총이야!" — 그대로, 은총은 비탄으로 굳게 폐색되어 있던 마음의 껍질을 뚫고, 이제까지 연기만 내던 사랑의 불길을 활활 타오르게 하는 것이다.

노인들을 문병하러 가 보면, 무슨 팔자로 이런 병에 걸렸는지 모르겠다고 투덜거리며 푸념하는 이들이 많다. 병을 과거에 저지른 어떤 죄에 대한 천벌처럼 생각하는 늙은 이들이 있다. 그러나 결코 그렇지 않다. 하느님은 보복하시는 분이 아니라는 것이 신약성서에 뚜렷이 기록되어 있다. 그리스도께서 친히 전대미문의 고뇌를 체험하신 것도, 또 성모님이 다른 여인들은 견디어 낼 수 없는 신산辛酸을 겪으신 것도 결코 자업자득이 아니었다. 그리스도께서도 성모 마리아께서도 바로 사랑을 위해 그 엄청난 고통을 감수하셨던 것이다.

늙으면 대개 불평이 많아진다. 하느님이나 혹은 다른 사람들에게서 얼마나 푸대접을 받았는지를 푸념하는 "신세타령"을 나도 귀에 못이 박히도록 들어 왔다. 어쩌면 남녀를 막론하고 많은 노인들은 노년기를 근본적으로 오해하고 있는 것은 아닐까. 그들은 하느님을 마치 자기와 같은 인간인 양 취급한다. 신앙이란 바로 연금기금年金基金 같은 것으로 여기면서 그들이 입버릇처럼 되풀이하는 말인즉, 자기는 꼬박꼬박 주일미사에 참례하여 헌금을 내고 있고 아침저녁 기도를 빠뜨리지 않고 있으니 필시 하느님은 거기에 대한 보상으로 자기 신변을 안전하게 지켜 주고 편안하게 여생을 보낼 수 있도록 보살펴 주리라는 것이다.

인생이란 그런 것인가. 현실은 오히려 그 반대인 경우가 많지 않을까. 구약시대의 의인 욥처럼 평생 양심에 부끄러움 없는 생활을 해 왔어도 만년에 불의의 재난을 당하는 일은 자주 있다. 그래도 우리는 하느님이야말로 무조건 "주님"이시고, 우리 각자를 위해 무엇이 가장 유익한가를 알고 계시다는 확신을 가지고 평소 만일의 경우에 대비하여 응분의 각오를 하지 않으면 안 된다.

하느님을 어디까지나 "주님"으로 믿고 사람의 머리로는 헤아릴 수 없는 하느님의 섭리를 신뢰하는 것이 역시 그리스도 신자다운 태도이다. 나는 우연히 남베트남(越南)에 머물던 중, 마침 그런 인물을 만나 몹시 감격한 적이 있다. 어느 날 나는 비엔 호아에 인접한 호나이의 가톨릭 난민 수용소를 방문하였다("운이 좋았다"고 말해야 할 것이다. 왜냐 하면 내가 비엔 호아를 떠난 직후에, 내가 유숙했던 곳에서 베트콩이 장치한 폭탄이 폭발했기 때문이다). 난민 수용소에는 약 3만 명의 신자들이 수용되어 있었다. 제네바 협정에 따라 베트남이 양단兩斷되었을 때 북에서 남으로 탈출해 온 피난민은 120만 명에 달했다. 그중 80만 명이 가톨릭 신자였다.

호나이의 난민촌 사람들은 대부분 이전에 유복한 농민이었지만, 그 고향 땅이 공산정권의 지배하에 들어갔기 때문에 신앙의 자유도, 자녀들에게 종교교육을 시킬 자유도 없으리라는 것을 재빨리 알아차리고, 조상 때부터 대대로 부쳐온 전답이나 가옥은 물론 가재도구까지 모두 버리고 남으로 피난해 왔던 것이다.

월남 정부는 울창한 정글의 한 모퉁이를 이 난민들의 정착지로 제공하였다. 모든 것은 새로이 시작해야 했다. 그들은 즉시 나무를 베어 내고 오두막집들을 지어 거기에 자리를 잡았다. 마을 어디에 가나 비슷비슷한 오두막집들이 서 있었지만, 놀라운 것은 여기저기 훌륭한 성당들이 무려 스물네 군데나 서 있는 사실이었다. 성당은 평일에도 신자들로 가득 차곤 했다. 피난민들은 일을 하다가 틈이 나면, 가까운 성당에 모여 함께 기도를 하고 성가를 불렀다. 그 소리에는 이제까지의 고생의 여운이 남아 있었지만, 동시에 원숙하고 깊은 신앙과 희망과 그리스도 신자다운 기쁨이 깃들어 있어서, 듣는 자는 부지중 옷깃을 여미지 않을 수 없었다.

　나는 이 난민촌에서 우연히 초로의 어떤 목수를 만나 신상 이야기를 듣게 되었다. 이 사람은 월맹 땅에서 자기 손으로 지은 집을 잃고 사이공 북쪽의 어느 마을로 피난해 와서 기거할 집을 새로 지었는데, 그것도 어느 날 베트콩의 방화로 소실되고 말았다. 그리고 호나이로 옮겨온 지는 얼마 안 된다고 하며, 그는 "또 한 번 새로이 시작해야지요" 하고 말했다. 그는 마치 구약시대의 욥과도 같은 운명을 더듬고 있는 것이 아닌가. 불의의 재난을 거듭 겪었으니, 그는 틀림없이 세상을 원망하며 사람들을 미워하고 있을 것이고, 그래도 오히려 당연하다고 나는 생각했다. 그의 주름투성이 얼굴에는 고뇌의 빛이 역력히 떠올랐다. 상실과 환멸과 비애가 바로 이 사람의 일상생활이 되었던 것이다. 물질적으로 안정된 것이라곤 아무것도 없었고, 목수로서의 좋은 솜씨를 자랑하고 싶어도 자기가 지은 집들은 대개 소실되었고, 남은 몇 채도 언제 전화戰火의 희생이 될는지 몰랐다. 그에게 있는 것이라곤 일을 하기 위한 두 손과, 하느님을 믿고 의지하는 신뢰뿐이었다. 그런데도 불구하고 굳은 신앙이 있었기 때문에 전화위복이 되었다. 그는 지나온 이야기를 하면서 한마디도 불평을 하지 않았다. 오히려 그와 같은 인생행로가 주어진 것을 감사하고 있었다. 과연 그리스도 신자다운 기쁨을 누릴 줄 아는 사람이었기 때문에,

그는 환멸도, 실망도 모두 극복할 수 있었던 것이다.

나는 이 베트남 피난민 목수를 만난 이래, 그의 태도야말로 진정 그리스도 신자의 태도라고 생각하고 있다. 우리는 하느님이 우리 각자의 일을 보살펴 주시는 자애로운 아버지인 동시에, 또한 모든 사람의 운명을 완전히 지배하시는 "주님"이시라는 것을 알고 그리스도를 믿고 있는 이상, 불의의 사태를 만나더라도 당황하지 않도록 항상 마음의 준비를 하고 있어야 한다. 비록 사람의 눈에는 재난으로 보일지라도, 하느님의 뜻이라면 그것을 기꺼이 받아들이고 재출발을 할 만한 마음가짐이 중요한 것이다.

나는 자동차를 타고 사이공까지 먼지 자욱한 길을 돌아오면서, 신앙을 지키기 위해 북쪽 월맹 땅을 떠나 남으로 피난온 그 장한 사람들의 인생행로에서 문득 아득한 옛날 구약시대의 일을 연상하지 않을 수 없었다. 바로 성조 아브라함의 경우이다. 하느님은 이미 연로했던 아브라함에게 "네 고향과 친척과 아비의 집을 떠나 내가 장차 보여 줄 땅으로 가라"고 분부하셨다. 아브라함은 앞일을 전혀 알 수 없었지만, 하느님이 분부하신 대로 고향인 하란을 떠나 가나안으로 향했다. 그때 아브라함의 나이는 칠십오 세였다 (창세 12,1-5 참조). 아브라함은 하느님을 무조건 "주님"이라 믿고, 중대한 결정을 내릴 때는 반드시 하느님의 뜻에 따랐다. 바로 그렇기 때문에 하느님은 아브라함에게도, 그리고 베트남의 신자들에게도 같은 희생을 요구하셨다. 아브라함이나, 또한 내가 호나이에서 친해졌던 그 목수나 이미 늙은 몸인데도 험난한 길을 걸음으로써 그 신앙을 거룩하게 성숙시켰던 것이다.

아마 많은 노인들은, 하느님이 가까이 계심을 실감한 적도, 아브라함처럼 하느님의 부르심을 들은 적도 없다고 말할 것이다. 그러나 곰곰이 생각해 보면, 아브라함이 중대한 사명을 맡은 것은 매우 연로했을 때였다. 평소 묵묵히 믿음을 깊게 하여 무아의 경지에 도달하려고 노력만 한다면, 그전에는 귀에 들려오지 않던 하느님의 소리를 이따금 들을 수 있다. 사실 하느님은 노인들에게 벅찬 과제를 주시는 일도 있으므로, 그런 경우에는 아브라함을 본받아 감연히 일어설 각오를 해야 한다.

자손과 사랑은
인생의 값진 유산이다.


어린아이들의 존재는
이 땅 위에서
가장 빛나는 은혜이다.
죄악에 물들지 않은
어린애들의 생명체는
한없이 고귀한 것이다.
어린애들의 생활은
고스란히 하늘에 속한다.
그래서 예수께서는
"누구든지 어린이와 같이
순진한 마음으로
하느님 나라를 받아들이지 않으면
결코 거기 들어가지 못한다"고
말씀하셨다.

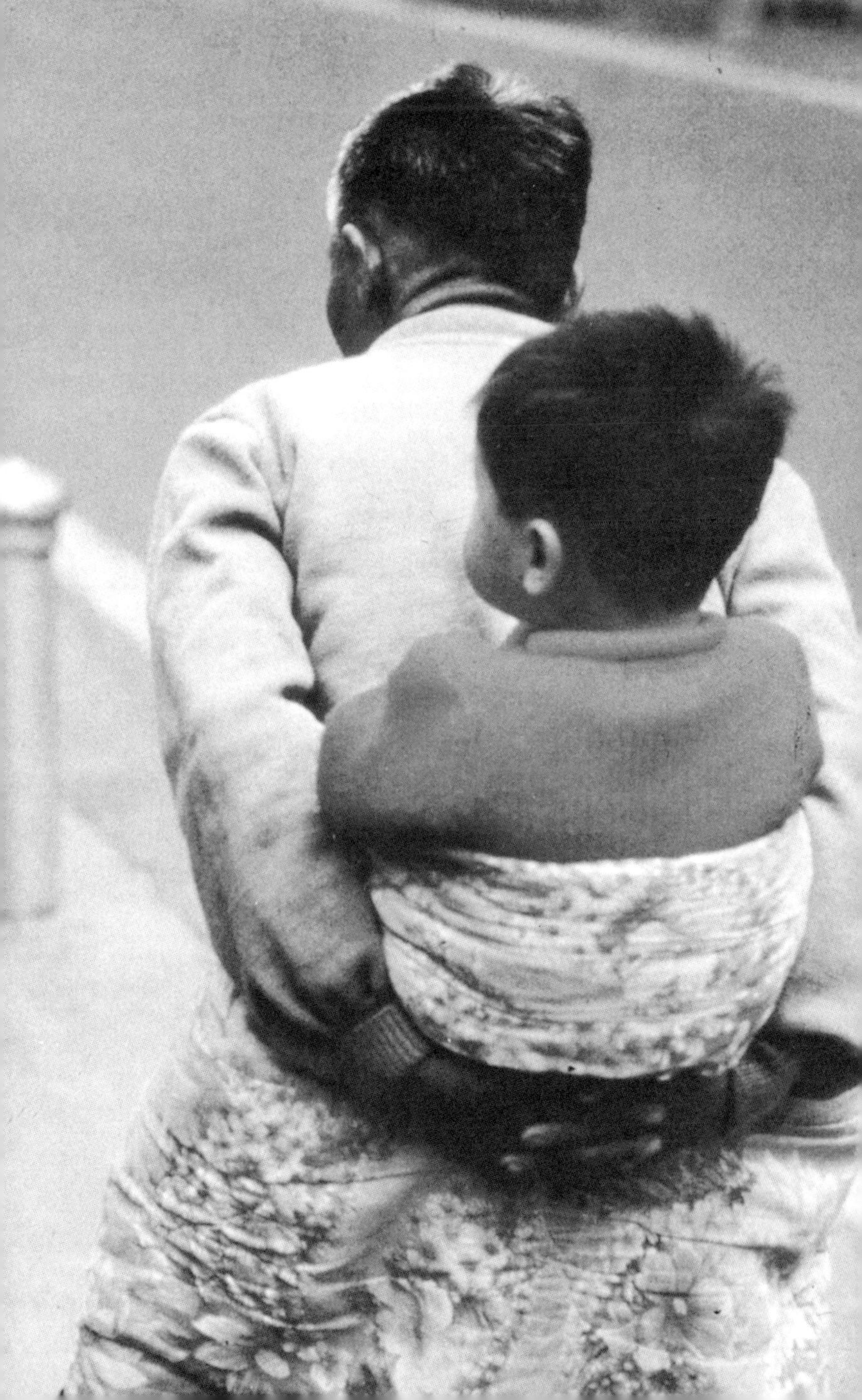

# 고통의 의미

노년기는 그리스도의 수난과 부활의 신비를 피부로 느낄 수 있는 절호의 기회이다. 그리스도께서 인류를 구원하기 위해 참아 받으신 고난을 함께 나누며 그리스도 부활의 증인이 되고 그 영광에 참여하는 것은 어떤 의미에서 모든 그리스도인의 생활 과제이지만, 나이가 들수록 그것은 더욱 절실히 실감된다. 그리스도께서 "밀알이 땅에 떨어져 죽지 않으면 그대로 남아 있을 뿐이지만 죽으면 많은 열매를 맺습니다"(요한 12,24)고 하신 말씀의 참뜻은 노년기의 괴로움을 체험해야 비로소 이해할 수 있을는지 모른다. 늘그막의 괴로움은 신앙에 관계없이 사람이면 누구나 겪어야 하지만, 특히 신자는 그리스도께서 지상의 천국을 한번도 약속하신 적이 없을 뿐 아니라, 성 베드로에게 그 만년의 일을 다음과 같이 예고하신 것을 상기하지 않을 수 없다. "그대가 젊었을 때는 스스로 허리띠를 띠고 원하는 데로 걸어다녔습니다. 그러나 늙으면 두 손을 내밀 것이요, 다른 이가 허리띠를 매어 주고는 그대가 원하지 않는 데로

데려갈 것입니다"(요한 21,18). 가고 싶은 곳에 갈 수 없고 가고 싶지 않은 곳에 가지 않으면 안 된다는 것 — 이것이 노후에 기다리고 있는 십자가이다.

이따금 노인들은 남자건 여자건 절망의 구렁텅이에 빠지는 수가 있다. 아무리 섭리를 믿으려고 해도, 문제의 하느님이 침묵하고 말씀을 하지 않으시니, 아무런 위로도 느낄 수 없기 때문이다. 엔도 슈사쿠遠藤周作 씨는 「침묵」이라는 소설에서 이러한 고뇌를 인상깊게 묘사하였다. 이 소설은 고통의 극한상황에 놓인 인간에 대해 계속 침묵을 지키시는 하느님을 주세로, 도구가와 바쿠후德川幕府의 기리시단切支丹 박해를 제재題材로 다루고 있다. 신자들은 오물 구덩이 위에 거꾸로 매달린 채 밤낮없이 여러 날 동안 필설로 형언할 수 없는 고통을 겪었다. 하지만 그토록 참혹한 시련에 직면해서 많은 순교자들은 하느님의 "침묵"에도 낙담하지 않고 죽을 때까지 신앙을 지켰던 것이다.

나이를 먹으면 고독감이나 혹은 육체적 고통을 더 이상 견딜 수 없다는 생각이 들 때가 있게 마련이다. 한때 뉴욕의 어느 병원 담당 사제로 일하면서 이따금 그런 환자들을 대한 적이 있지만, 내가 언제나 탄복한 것은 그들이 도저히 견딜 수 없을 것 같은 그런 시련을 용하게 견디어 내고 있었다는 사실이다. 자신에게 닥친 고통을 달게 참아 받으며 그리스도의 수난에 참여하면서 이웃의 구원에 도움이 된다는 신념이 그들의 그 영웅적인 행위 — 인내 — 의 주된 동기이기도 하고 원동력이기도 했다. 바울로 사도가 특히 강조한 이 사상이야말로 고통을 겪고 있는 노인들을 지탱해 주는 참으로 큰 힘이 되는 것이다. 열심히 다른 사람의 행복을 비는 것이 바로 자신의 불행을 잊는 최선의 길이 아닐까.

나는 뉴욕의 병원에서, 암에 걸린 초로의 환자와 만난 그날 밤의 일을 언제까지나 잊지 않을 것이다. 그 부인은 성 바울로의 두 가지 말씀 — "우리가 환난을 당하는 것도 여러분이 위로와 구원을 받기 위함입니다"(2고린 1,6), "이제 나는 여러분을 위해 고난받는 것을 기뻐합니다"(골로 1,24) — 을 인용하면서 다음과 같이 이야기했다.

> 나는 사도의 이 두 가지 말씀을 생각하던 중 내 병이 깊은 의미를 지니고 있다는 것을 깨달았습니다. 내 고통이 다른 사람들의 구원의 수단이 된다는 사실 말입니다. 한 사람이라도 많은 이웃이 예수 그리스도를 믿고, 그 신앙을 통해 주어지는 희망과 기쁨을 누릴 수 있도록 나는 병상에서 협력할 수 있는 것입니다. 이렇게 고통의 의미를 깨달은 뒤로는 불치의 병으로 한걸음 한걸음 죽음에 다가가는 절망적 운명도 견디어 낼 수 있게 되었습니다.

노년기의 고통은 게쎄마니 동산과 십자가 상에서의 그리스도의 고통과 결합되어야 비로소 의미가 있다. 그리스도 신자의 생애란 결국 주님 그리스도를 본받아야 하지만, 그리스도께서 이 세상을 떠나시기 전에 체험하신 고뇌를 실제로 그분과 함께 나눌 수 있는 것은 오히려 나이를 먹은 뒤가 아닐까.

그리스도께서는 게쎄마니 동산에서 고독의 비애에 젖어, 눈앞에 닥쳐오는 고난을 절박하게 예감하시면서 "아버지, 하실 수만 있다면 이 잔이 저를 비켜가게 하소서. 그러나 제가 원하는 대로 하시지 말고 아버지께서 원하시는 대로 하소서"(마태 26,39) 하고 부르짖으셨다. 루가는 의사다운 눈으로 그리스도의 고뇌의 가장 깊은 데까지 통찰하고 "땀이 마치 핏방울처럼 땅에 떨어졌다"(루가 22,44)고 기록하였다. 십사가 상에서는 그리스도의 입에서 "나의 하느님, 나의 하느님, 어찌하여 나를 버리셨습니까?"(마태 27,46) 하는 비통한 소리가 새어 나왔다. 수난과 임종의 고뇌를 통해 그리스도께서는 우유적偶有的 존재인 인간의 나약성을 극한까지 체험하셨던 것이다. 하지만 그러면서도 하느님으로서의 존엄성을 결코 잃지 않으셨다. "아버지, 제 영을 당신 손에 맡기옵니다"(루가 23,46) ── 다 아는 바와 같이 이것이 그리스도의 마지막 말씀이었다.

노인들은 고통을 참아 받음으로써 그리스도의 수난이 어떠한 것이었는지를 조금이라도 이해할 수 있게 되고, 게쎄마니에서 시작되는 십자가의 길을 그리스도와 함께 걸으며 부활과 새로운 생명을 엿볼 수 있는, 기뻐할 만한 기회를 만나게 되는 것이다.

그리스도인은 늘그막의 고뇌를 뼈에 사무치도록 실감하더라도 고난과 영광, 혹은 수난과 부활이 밀접한 관계가 있다는 것을 알고 있다. 베드로 사도는 그 서한에서 "여러분 가운데 장로들에게 나도 같은 장로로서, 또 그리스도 고난의 증인이요 장차 나타날 영광에 동참할 자로서 권고합니다"(1베드 5,1)라고 썼다. 만년은 인생의 끝장이 아니다. 죽음 너머 피안에서 영원한 생명이 시작된다는 것을 그리스도인들은 잘 알고 있을 것이다.

# 기쁨의 발견

젊은 날의 기쁨이나 낙樂은 나이를 먹음에 따라 매력이 없어지고 생각은 간절해도 뜻대로 되지 않는 경우도 있다. 체력이 필요한 스포츠나 여행, 마음이 설레는 연애 등 젊은이들의 행복의 원천이 되는 일들도 대체로 추억 속에 그 자취를 남기고 있을 뿐이다. 어쨌든 돌이킬 수 없는 옛날의 꿈만 더듬다가는 불행한 만년을 보낼 수밖에 없으므로, 누구나 자기 연령에 맞는 낙을 찾도록 마음 쓰지 않으면 안 된다. 인간은 원래 기뻐할 줄 아는 존재로 창조되었다. 따라서 현실생활에서 기쁨을 누릴수록 인간다워지는 것이다. 그런데 많은 사람들이 나이를 먹으면 새로이 주어지는 하느님의 선물을 외면하며 즐겁게 보내야 할 여생을 괴롭게 번민하며 지내고 있는 것은 애석한 일이다.

사람은 만년의 즐거움을 스스로 발견하지 않으면 안 된다. 귀여운 손자들과 함께 나날을 보내며 만족하는 사람도 있을 것이고, 혹은 그림이나 음악, 문학 등을 감상하는 소양을 키운다거나 삼라만상의 아름다움을 재발견하는 데서 사는 보람을 되찾는 사람도 있을 것이다. 정년퇴직한 많은 노인들은 지난날 자기가 한 일에 대하여 긍지를 가지고 마음 편히 여생을 보낼 것이다. 책을 벗 삼아 조용한 노후를 보내는 것도 좋다. 예컨대 매일 성서를 몇 구절씩 읽어 나가면 어떨까. 성서는 모든 사람에게 건네는 "행복의 소식"이니까, 가벼운 마음으로 읽어 나가면 이전에는 깨닫지 못했던 깊은 의미를 발견할 수 있다.

노인들은 다른 사람에게 도움을 줄 만한 일을 눈에 띄지 않게 그러나 즐거운 마음으로 해 보려고 노력해야 한다. 그러는 가운데 다른 이에게 친절히 대한다든가 혹은 다른 이의 신뢰를 받는다든가 하는 극히 예사로운 일들이 의외로 즐거운 경험이 되기 때문이다. 친절이 몸에 밸 만큼 나이를 먹었으니 주위 사람들에게 자기 나름의 호의를 보여 주는 것이 새로운 기쁨이 되는 것이다.

성서에 친숙한 이는 모든 사람이 즐겁게 사는 것이 하느님의 뜻이라는 것을 깨닫는다. 하느님은 당신의 한량없는 기쁨을 사람들의 마음속에 부어 주기 위해 온갖 수단을 이용하신다. 그리스도께서는 당신을 따르는 자들의 마음속에서 두려움이나 불안을 없애 주기 위해 거듭 하느님 아버지의 섭리를 이야기해 주고 쓸데없는 걱정을 하지 않도록 권하셨다. 그분은 죽음을 앞둔 최후의 만찬에서도 하느님을 믿는 자의 마음은 언제나 기쁨으로 가득 차 있기를 강조하셨다. "내가 이런 말을 한 것은 내 기쁨이 그대들 안에 있고 그대들의 기쁨이 가득 차기 위해서입니다"(요한 15,11).

그리스도의 가르침을 충실히 전달한 사도 바울로는 그리스도교야말로 행복의 메시지라는 것을 자주 강조하였다. 기쁨은 인간이 올바른 신앙을 가지고 있다는 표징이요 성령이 맺어 주는 열매라고 바울로는 생각하고 있다. "주님 안에서 항상 기뻐하시오. 거듭 말합니다. 기뻐하시오"(필립 4,4). 바울로는 이처럼 그의 서간에서 자주 기쁨에 관해 언급하고 있기 때문에, 언뜻 생각하면 그는 아마 생활고와는 거리가 먼 안락한 일생을 보낸 것같이 여겨질는지 모른다. 그러나 실제로는 어떠했던가. 다 아는 것처럼 그는 자나 깨나 박해의 위협을 받았다. "주님 안에서 기뻐하시오"라는 말은 로마의 상쾌한 봄날 아침 신록의 나무 그늘에서 쓴 것도 아니고 혹은 기분 좋은 서재에서 적은 것도 아니다. 그것은 음산한 독방에서 재판을 기다리며 써 보낸 유언이었다. 바울로는 그리스도의 가르침의 가장 중요한 핵심을 파악하고 있었기에, 그리스도교의 패러독스(역설)를 정확하게 묘사할 수 있었던 것이다 — 즉, 고난과 고독 속에 있더라도 나의 마음에는 언제나 기쁨이 넘쳐 있다고.

우리는 그분의 죽음에 참여하는 세례를 통해

그분과 함께 묻혔고,

우리가 한 번 그리스도와 함께 죽었다면

장차 그분과 함께 살 것입니다.

로마 6,4.8


여러분이 부활하면

어떤 모습일까요?

몇 살 때의 모습으로 부활할까요?

어린이로? 얼마나 우습겠습니까!

백발노인으로? 얼마나 슬프겠습니까!

그 대답은 간단합니다.

여러분의 고운 마음씨 그 모습대로

여러분의 성숙한 사랑 그 모습대로

여러분은 부활할 것입니다.

루이 에블리

# 원숙한 신앙

나이를 먹으면서 전에는 생각지도 않았던 이런저런 문제들이 고개를 든다. 일도 건강도 성생활도 경제력도 갑자기 자신이 없어지고 덩달아 신앙에 대해서도 새로운 의문이 생긴다. 결국 신앙인은 젊었을 때부터 신앙을 키워 나가지 않으면 인생에 대해 의혹이 생기게 되는 노년기를 무사히 지내기가 어렵다. 노년기에 접어들면 과거와는 전혀 다른 생활을 하게 되기 때문에 신앙을 의지하여 사는 이는 신앙을 새로이 깊게 하여 성실히 살려고 힘쓰지 않으면 안 된다.

비록 신앙의 정신으로 나날을 보내더라도 노년기를 맞으면 돌연 자기 신앙이 밑바닥부터 흔들리고 있다는 것을 느끼고 깜짝 놀라는 수도 있다. 이것은 암흑과 의혹을 거쳐 신앙이 원숙해지도록 하느님이 마련해 주시는 기회이지만 그것을 깨닫는 사람은 적다. 신앙이란 위로나 기쁨의 연속이라기보다는 오히려 어둠과 안개가 덮인 산골짜기를 지나듯이 시련을 헤쳐 나가는 가운데 서서히 굳혀져 가는 것이다.

뮌헨 학창생활에 나는 그런 신앙생활을 암시하는 경험을

한 적이 있다. 친구들과 함께 스위스와 오스트리아 경계의 알프스 산에서 여름방학을 보내던 어느 날 높이가 3천 미터나 되는 세자프라나 산에 오르기 위해 모두 아침 다섯 시에 출발했다. 올라감에 따라 검은 안개가 사면에 자욱이 끼여 정상은커녕 10미터 앞도 보이지 않게 되었다. 가끔 주저앉아 휴식을 취했지만 모두 침울하게 입을 다물고 서로 오고가는 눈길 속에서 의혹의 빛이 짙어지는 것을 느꼈다 — 이대로 올라가면 정말 정상에 도달할 수 있을까. 설령 정상에 도달하더라도 안개가 끼여 있어서는 아무것도 못 볼 것이 아닌가 ····. 골짜기에서 만난 사람은 이 길을 자꾸 더듬어 올라가면 세자프라나 산정에 도달하여 웅대한 알프스를 한눈에 바라볼 수 있다고 가르쳐 주었다. 그 말만을 믿고 여기까지 올라왔는데 ····.

모두 몹시 피곤하고 지쳐 의기소침해 있었지만 그대로 계속 올라가기로 했다. 그런데 돌연 뜻밖의 상황이 벌어졌다. 앞을 가로막았던 안개의 두터운 벽이 어느 사이에 열리고 저 아래로 구름이 내려다보이는 지점에 우리는 서 있었다. 위를 보니 눈부시게 빛나는 태양 아래 세자프라나 산정이 눈앞에 보였다. 주위에는 하얗게 눈이 덮인 알프스의 연봉들이 그 웅자를 드러냈고, 멀리 이탈리아와 독일까지도 보였다. 이런 장관은 생전 처음 보았다. 우리는 무어라 말로는 표현할 수 없는 자연의 아름다움에 압도되어 숨을 죽였다. 아래로는 알프스의 골짜기들을 뒤덮은 검은 구름이 막막한 바다처럼 펼쳐져 있었다.

생각해 보면 우리의 신앙생활도 오리무중의 연속이 아닐까. 찾아가려는 목적지는 눈에 보이지 않을 뿐 아니라, 그리스도의 말씀 외에는 그 존재를 보장해 주는 것이 아무것도 없으므로, 자칫하면 의혹이 솟구치는 것도 오히려 당연할 것이다. 길이 험난하고 피곤하여 몸이 지칠수록 우리는 순전히 자연적인 생활의 장이었던 골짜기를 내려다보며, 더 전진하기를 단념하고 과거의 보금자리로 돌아가고 싶은 유혹에 사로잡힌다. 신앙의 산정에 무엇이 있는지는 도무지 알 수 없으니, 쓸데없는 헛수고를 하기보다는 차라리 하계(세속)로 내려가서 거기에 안주하는 편이 현명하지 않을까 …. 이런저런 생각을 하며 고민을 하다가도 우리는 내심의 소리를 듣는다. 그 소리는 걸음을 멈추지 말고 정상을 향해 계속 올라가라고 권한다. 그 소리는 산봉우리 저편에 인간의 기대와 상상을 훨씬 초월한 세계가 존재한다는 것을 이야기해 준다. 거기에는 바울로가 말하였듯이 "눈이 본 적도 없고 귀가 들은 적도 없으며 사람의 마음속에 떠오른 적도 없는 것들을 하느님은 당신을 사랑하는 이들에게 마련해 두신"(1고린 2,9) 모든 것이 있는 것이다.

가끔 보는 것, 듣는 것 모든 것이 어둡고 무미건조하며 애매하고 허무하게 여겨지는 수가 있지만 바로 이러한 체험은 신앙생활의 발전을 위해 대단히 뜻깊은 것이라고 할 수 있다. 기도할 때나 미사에 참례할 때나 언제든지 위로를 느낄 수 있다면 아무런 문제도 없을는지 모른다. 그런데 하느님은 우리가 정말 당신을 사랑하고 있다는 것을 증명할 수 있도록 일부러 외로움을 느끼게 하시고, 안개와 구름으로 뒤덮인 회색의 그늘 속을 오직 신앙의 빛만을 의지하여 걸어가게 하시는 것이다. 바울로는 현세와 내세를 비교하여 "지금은 우리가 거울을 통해 어렴풋이 보고 있지만 그때는 얼굴과 얼굴을 마주 대할 것입니다"(1고린 13,12)하고 강조하고 있다.

우리들과 하느님과의 관계는 인간 상호간의 관계와 비슷한 점이 많다. 상대가 자기에게 언제나 관심을 가져주는 경우 그 호의에 보답하기는 쉬우며 달리 유별난 노력을 할 필요는 없지만, 그만큼 그 사랑이 얼마나 깊은지는 알 수 없는 것이다. 그런데 사랑이란 조만간 식을 때가 오게 마련이다. 틀림없이 서로 사랑하고 있었을 두 사람 사이에 뜻밖의 오해가 생기고, 첫사랑의 기쁨이나 황홀함이 자취도 없이 사라져 버리는 그런 위기에 직면할 때 비로소 자기가 상대를 얼마나 깊이 사랑하고 있는가를 증명할 수 있다.

마찬가지로 하느님에 대한 신앙도 여러 단계를 거쳐 서서히 성숙해 간다. 신앙이 흔들릴 때 우리는 새삼스럽게 자기가 신앙인이라는 것을 의식하고 정말 진지하게 믿음이 무엇인지를 생각하게 되는 것이 아닐까. 그런 의미에서 신앙의 위기는 확실히 특별한 의의가 있다고 할 수 있다.

독일의 유명한 심리학자 요셉 골트브루너는 인간의 회심回心을 다음과 같이 설명했다. "생애의 끝까지 계속되는 회심의 과정은 자석을 쇠붙이에 갖다 대는 작업과 비슷하다. 그것을 되풀이하는 가운데 모든 미분자微分子는 같은 방향으로 결집하게 된다." 이 말은 신앙이 서서히 성숙해 가는 과정을 적절히 표현한 것이 아닐까. 사람은 한평생을 살아가는 동안에 몇 번인가 자기 신앙을 새롭게 할 기회가 생긴다. 그리고 이런 과정을 거쳐 인간의 존재를 형성하고 있는 모든 미분자는 삼위일체의 하느님에 대한 믿음과 희망과 사랑 그리고 이웃에 대한 배려라는 같은 방향으로 결집해 가는 것이다.

노년은 신앙의 성숙과 발전을 위해 특별한 의미를 가지고 있는 것 같다. 늙는다는 것은 신앙생활에 있어서도 마지막 시련이라고 할 수 있다. 그러나 이 시련을 용감하게 극복해 나간다면 신앙과 사랑의 원숙한 경지에 도달할 수 있는 것이다. 훌륭한 신자라도 생애의 마지막 순간에 자기 신앙을 지키기 위해 극심한 갈등을 체험한 예가 적지 않다. 리지외의 데레사 같은 위대한 성녀도 죽을 때가 임박하자 의혹과 불안에 시달리며 암울하고 공허한 생각에 잠겼다. 옆에 있던 언니들은 성자 같은 동생으로부터 "하느님 따위는 존재하지 않는다는 최악의 유혹"이 덮쳐 왔다는 고백을 듣고 소름이 끼쳤다고 한다. 하느님은 많은 신자들이 정작 그 생애의 막을 내리게 될 때 그들에게 영웅적인 신앙과 애덕의 사람이 될 수 있는 기회를 마련해 주시는 것이 아닐까.

# 의미의 발견

노경에 부닥치는 중요한 문제는 늙어서 너무 오래 살아도 무의미한 것이 아닌가 하는 무서운 미혹迷惑이다. 노인은 자기가 직장에서도 가정에서도 사회에서도 쓸모없게 되는 날이 오는 것을 알게 된다. 체력이나 기력이 날로 약해짐을 실감하기 때문에, 누구나 자기를 귀찮아하고 외면하며, 따라서 자기는 다른 사람들의 짐이 된다고만 생각하는 것이다. 특히 젊었을 때부터 무슨 일에나 적극적이고, 여러 계획을 세워 추진하면서 상당한 성과를 거두어 온 사람들은 은퇴하게 되면 곧 생활의 목적과 의미를 잃고 망연자실하고 만다. 늘그막이란 아무런 목적도 없고 허무한 것이라고 생각하기 시작하면, 노이로제나 그 밖의 심리적으로 불안정한 상태에 빠져 들어가는 것도 당연하다.

자살률의 비약적인 상승은 현대사회를 위협하는 하나의 도전이다. 인간은 사는 보람이 없고 아무런 목적도 의미도 찾을 수 없을 때 자살을 생각하게 된다. 특히 노인들이 좌절감이나 자포자기에 빠지기 쉽다는 것은 통계를 보아도 뚜렷

하다. 프랑스에서는 55세 이하 사람들의 자살률은 10만 명에 약 50명 비율이지만, 55세 이상의 연령층에서는 10만 명에 160명이나 된다. (구) 서독의 최근 통계(이 책이 처음 출간된 70년대 초반 기준 — 편집자 주)에 의하면 연간 자살자의 비율은 10만 명에 20명 정도인데, 60세 남성의 자살자는 55명이나 된다. 여성의 경우 50세부터 55세까지의 자살자는 30세부터 35세까지의 자살자의 두 배나 된다. 더구나 어떤 평론가가 냉정하게 말하듯이, 노인들의 자살은 실패하는 일이 거의 없다. 영국이나 미국에서도 같은 징후가 두드러지며 자살률은 나이가 많아짐에 따라 높아진다. 영국에서는 40세 이하의 남성 자살자에 비해 40세부터 59세까지의 남성 자살자는 세 배, 60세 이상은 실로 다섯 배나 된다. 미국에서는 45세부터 65세까지의 백인 남성 자살자는 10만 명에 40명의 비율이지만, 65세 이상이 되면 연령에 비례하여 그 수가 증가하고, 70대 후반에는 절정에 도달하여 10만 명에 60명의 자살자가 나온다. 정도의 차이는 있지만 어느 나라나 다 비관적인 상황이다.

후반생을 맞이함에 있어서 인생의 의미를 재발견하고 보람 있는 나날을 보내는 것이 얼마나 중요한가는 오스트리아의 정신요법 권위자 빅터 프랭클과 그의 학파 — 이른바 제3 빈 심리학파 — 가 강조하고 있는 바이다. 프랭클은 모든 연령층을 대상으로 하여, 심리학적으로 본 인생의 의미의 중요성을 천착하였는데, 그의 통찰은 오래지 않아 노년기를 맞이할 사람들과 직접 관련이 있을 것 같다.

　프랭클은 프로이트나 아들러와는 반대 입장을 취한다. 프로이트는 성욕이 인간을 앞으로 나아가게 하는 원동력이라고 설파하고, 아들러는 권력욕이야말로 자아를 충동하는 근원이라고 강조하지만, 프랭클은 그와 달리 인간의 중심적 과제는 결국 인생의 의미를 탐구하는 것이라고 주장한다. 프랭클의 심리요법은 로고테라피*Logotherapy* (이 경우 "로고스"는 "의미"로 해석된다)라고 하는데, 주로 환자가 자기 생활의 의미를 스스로의 힘으로 파악하도록 지도하는 요법이다. 악명 높은 아우슈비츠의 처참한 지옥에서 천행으로 목숨을 부시하여 살아남은 프랭클은 니체의 다음 말을 즐겨 인용한다. "'왜' 사는가를 알고 있으면 '어떠한' 삶의 시련에 부닥치건 대개는 견디어 낼 수 있다."

　"왜" 사는지를 안다는 것은 말하자면 뚜렷한 인생관을 가지고 있다는 것인바, 그것은 필연적으로 정신적 건강을 유지할 수 있는 힘이 된다. 따라서 인생의 의미를 모르기 때문에 좌절감이나 "실존적 공백"을 체험하면, 마음의 균형이 서서히 무너져 노이로제를 유발할 수 있다. 노이로제는 20세기 사람들을 괴롭히는 대표적인 병이다. 구체적으로는 권태, "일요일 노이로제"(혹은 "바캉스 노이로제": 여가를 주체 못하여 머리가 좀 이상해지는 것), 알코올 의존증, 청소년 범죄, 연금생활자나 노인들을 위협하는 불안 등, 현대생활의 공백으로 빚어지는 갖가지 현상이 노이로제의 원인이 되어 있다. 본의 아니게 존재의 의미를 발견하지 못한 자는 그 대신 돈에 게걸든 자가 되어 허세를 부리거나 성의 쾌락에 빠져 기분 내키는 대로 사는 경우가 많다.

인생의 의미란 어떤 것이라고 확언할 수 있을까. 이것이 야말로 각자가 해답을 찾지 않으면 안 되는 문제이다. 로고 테라피스트는 환자에게 자신의 가치판단을 보여 주지 않고 환자가 스스로 그 생활의 의미를 깨달을 수 있도록 지도한 다. 그런데 존재의 의미는 사람마다 독자적일 수는 있어도 그렇다고 각자가 "발명"해야 할 것이 아니라 "발견"해야 할 것이다. 환자는 가치판단을 외부로부터 강요당해서는 안 되며, 스스로 새로운 빛으로 진리 자체를 알아보고 뜻깊은 실존의 은혜에 눈을 뜨도록 하지 않으면 안 된다.

프랭클은 인생의 의미를 종교적으로 해명하는 방법만을 채택한 것은 아니지만, 프로이트에 비하면 종교적 신앙에 대해서 공감적인 태도를 보이며 인생의 의미를 발견하는 데에 신앙은 참으로 귀중한 지침이 된다고 생각한다.

많은 노인들은 이제 삶의 의미와 목적이 없어졌다고 생 각하며, 자기는 아무 쓸모도 없는 인간이라든가, 더 살아 봤자 아무 소용도 없다든가 하며 푸념을 늘어놓는다. 이런 좌절감은 그대로 내버려 두면 자존심을 몹시 상하게 하여 열등감의 원인이 되기 쉽다. 노인은 자기가 아직 쓸모있는 인간이라는 것, 즉 살 "보람"이 있다는 기분을 가지지 않으 면 안 된다. 그러기 위해서는 젊은 세대는 물론 세상 사람 들이 이런 노인의 기분을 존중하고, 아무리 나이를 먹어도 그 지혜나 경험 또는 능력을 가정과 사회를 위해 활용할 수 있도록 기회를 주어야 한다.

한마디로 노년의 의미와 목적을 탐구한다고 해도 그 구체적인 방법은 각자의 체력이나 능력 혹은 입장에 따라 다르다. 예컨대 여성은 결혼한 아들이나 딸의 집에서 살림을 돌봐 주며 손자들과 함께 지내는 가운데 외롭고 쓸쓸한 기분이 가시고 보람 있는 즐거운 만년을 보낼 수 있게 된다. 많은 노인들에게 조언을 청하면 금세 젊은이처럼 활기를 띠는 수가 있다. 자기가 아직 쓸모가 있고 다른 이에게 도움이 된다고 생각하면 움츠러들었던 자존심이 다시 자신自信을 되찾고 동시에 현재의 생활의 의미와 목적을 새로이 이해하게 된다.

오늘날과 같은 대중사회에서는 많은 사람들이 자신의 능력을 지나치게 과소평가하고 그것을 충분히 발휘하려 하지 않는다. 그중에서도 노인들은 무엇을 해도 옛날과는 다르다든가 젊은이들을 따를 수 없다든가 하며 사장시키고 있다. 그리스도인은 참으로 신자다운 생활을 하고 있는 한 이 세상을 살기 좋은 곳으로 만들 수 있다는 것, 바꾸어 말하면 모든 사람이 만족하고 행복하게 살 수 있는 사회를 만들 수 있다는 것을 특히 나이 많은 이들은 잊지 말아야 한다.

나는 여기서 기다하라 레이코北原怜子 양을 기억하지 않을 수 없다. 기다하라 양은 대학시절 그리스도교에 귀의, 스물네 살에 세례를 받았다. 우연한 기회에 넝마주이 자활촌을 알게 되어 거기서 마침내 하나의 확신을 얻게 되었다 — 그리스도는 이 가난한 사람들의 모습을 통해 자기에게 말씀하신다고 믿었던 것이다. 기다하라 양은 교수의 딸로서 부족한 것 없이 윤택한 환경에서 지내고 있었지만 가난한 사람들의 벗이 되기 위해 홀연히 빈민굴로 들어 갔다.

기다하라 양 덕택으로 넝마주이 자활촌은 밝아졌다. 특히 불우한 환경에 있는 아이들이 그녀를 따랐다. 가장家長이 병으로 일을 못하게 되어 그 가족이 굶주리게 되면 기다하라 양은 직접 손수레를 끌고 폐품 수집에 나서기도 했다. 원래 몸이 약했던 그녀는 심한 중노동 때문에 결핵에 걸려 1958년 서른셋의 젊은 나이로 세상을 떠났다.

넝마주이들의 마을을 위해 젊은 생명을 바친 기다하라 양의 죽음은 모두에게 깊은 감명을 주었다. 그녀의 삶이 영화화되고, 일주기 때에는 텔레비전의 특별 프로그램도 편성되었고, 또한 전기도 출판되어 커다란 반향을 불러일으켰다. 불과 33년이라는 짧은 생애에 기다하라 양은 여느 사람 같으면 그 두 배의 세월이 걸려도 해내기 어려운 위업을 이루었다. 무슨 일이든 순수한 신앙을 가지고 한다면 누구나 사랑의 정신을 세상에 널리 전할 수 있다는 것을 기다하라 양은 젊은 몸으로 실천해 보였던 것이다.

1970년에 84세의 고령으로 세상을 떠난 모리악은 죽기 얼마 전 자신의 묘비명을 이렇게 써 두었다.

나는 어린 마음에 믿었던 것을 지금도 그대로 믿고 있다. 인생에는 의미가 있다. 가야 할 곳이 있다. 가치가 있다. 어떤 괴로움이든 하나도 헛되지 않고 한 방울의 눈물도, 한 방울의 피도 잊혀지지 않는다. 이 세상의 비밀은 성 요한의 말씀 안에 깃들어 있다 ― "하느님은 사랑이십니다"(1요한 4,16).

# 노부부의 금실

남편이 정년퇴직하면 부부 사이는 갑자기 나빠질 수도 있지만 전보다 훨씬 원만해질 수도 있다. 남편이 매일 아홉 시간이나 열 시간 집에 없어서 큰 충돌 없이 지내 오던 부부라면, 이제부터는 온종일 집안에서 함께 지내야 된다는 생각만으로도 아내는 마치 최악의 사태가 일어난 것처럼 불안하다. 남편이 부엌일에 관심을 가지고 이것저것 간섭을 하게 되면 아침부터 밤까지 말다툼이 그치지 않을 것이다. 때로는 온종일 입을 다문 채 얼굴을 찡그리고 좀처럼 화해를 하려 하지 않는다.

반대로 남편이 퇴직하면서 부부 사이가 한결 좋아질 수도 있다. 여기서 한 가지 생각할 것은, 사람과 사람의 사귐에는 크게 나누어 두 가지 방법이 있다는 것, 그리고 노인들은 충실한 만년을 보내기 위해 그 어느 쪽을 선택할 것인가 하는 문제다. 무슨 일에나 성과를 올리고 목표를 달성하는 데만 열중하는 오늘의 사회에서는 인간관계도 덩달아 "기능적"인 또는 공리적인 관계가 되지 않을 수 없다.

그 좋은 예가 상담이다. 장사의 흥정을 할 때에는 상대가 바뀌어도 아무런 지장이 없다. 그러나 마음과 마음의 이른 바 "실존적" 만남에 있어서는 그럴 수가 없다. 사람은 누구나 다른 이로서 대체할 수 없는 유일무이한 인격적 존재이므로 두 사람의 만남과 사귐은 그 두 사람만의 체험이다. 이 경우 두 사람이 바라는 것은 서로의 행복뿐이며, 거기에 "기능적"인 의도는 전혀 없다. 서로 최선을 다하며 상대를 위하고 아끼면서 새로운 삶을 살게 되는 것이다.

현대사회는, 특히 제일선에서 활약하고 있는 동안은 대체로 이와 같은 "기능적"인 또는 "실존 이전"의 차원에서 다른 이와 교제를 하지 않을 수 없게 되어 있는 것 같다. 말하자면, 공통된 목표에 도달하기 위해서 서로 씨름을 하며 상대를 이용하게 되어 있는 것이다. 어떤 목적을 위해 인간끼리 교섭하는 그 자체는 문제가 안 된다. 다만 이와 같은 "기능적"인 거래만이 교제의 유일한 양식이 되고, 그저 모나지 않게 둥글둥글 지내면 된다는 경향이 짙어짐에 따라 인간 고유의 차원이 상실되어 가는 것은 확실히 현대문명의 우려할 징후의 하나이다. 인간다운 사귐이란 일시적으로 그 자리에서만 유쾌하면 된다는 그런 것이 아니다. 마음과 마음이 따스하게 결합되려면 자기 짝이 된 이에게 감히 귀에 거슬리는 충고도 할 수 있는 깊은 정의情誼가 있지 않으면 안 된다.

철학자이자 심리학자이기도 한 칼 야스퍼스는 "실존적"인 사귐을 발전시키는 것이 기술문명의 위협에 대항하는 길이라고 말하고 있다. 인간은 젊었을 때부터 그와 같은 사귐을 가지려고 노력하지 않으면 안 되지만, 노인이 되면 마음과 마음이 서로 통하는 "만남"이 얼마나 소중한가를 절실하게 느끼는 기회도 많고 또 실제로 그런 사귐을 오래 유지할 만한 여유도 있다. 노인들은 업적만이 중요시되는 기능적인 사회에서 해방된 덕택에 인간의 본질적인 깊이를 새로이 발견하고 평가할 수 있는 입장에 있는 것이다.

그런 의미에서 남편이 정년퇴직할 나이가 된 노부부에게는 바로 좋은 기회가 찾아올 가능성이 있다. 현대의 결혼 생활에서 주요 비극 중의 하나는 남편도 아내도 오랜 세월 함께 살고 있으면서도 도무지 마음이 통하지 않는 "실존 이전"의 생활밖에 할 수 없는 데에 있다. 기능적인 관계만으로 살아가면 인간다운 성숙도 할 수 없고 서로 영향을 미치며 새로운 삶을 영위할 희망도 전혀 없다. 이와 관련해서 C. G. 융의 다음 말이 생각난다. "인간은 보통 자기 정신력의 절반만 사용하며 활동하고 생활하고 있다. 나머지 절반은 사용하지 않은 채 잊어버리고 있는 것이다."

인간의 사귐에는 여러 단계가 있다는 것, 더구나 실존적으로 사귈 수 있는 가능성은 무한하다는 것만 인식하면 누구나 충실한 결혼생활을 할 수 있다. "기능적"인 만남에서 한 걸음도 벗어나지 못한 부부는 그 절호의 기회를 놓치게 된다. 그러다가 좌절감을 맛보고 권태와 불만이 쌓여 마침내는 이혼이라는 단절의 비극이 빚어져도 이상할 것은 없다.

남편도 아내도 서로 좋은 반려자로서 실존적인 애정을 나누며 상대를 위해서라면 귀에 거슬리는 충고도 할 수 있는 마음의 준비가 되어 있다면 참으로 충실하고 원만한 부부생활을 해 나갈 수 있다. 어느 가정에서나 부부싸움은 있게 마련이지만 상대를 위하고 아껴서 싸움을 하는 부부는 오히려 드문 편이다. 대개는 크게 의견차이가 없으면 서로 사랑하고 있는 것으로 생각하고 되도록 배우자의 기분을 상하지 않으려고, 해야 할 말도 하지 않고 지내는 것이다.

어느 부부도 처음부터 완전할 수는 없다. 두 사람 다 "실존적"인 애정생활을 통해 서서히 성숙해 가는 것이며, 따라서 배우자에게 처음부터 완전무결하기를 기대하는 것은 근본적으로 잘못이다. 바로 이런 그릇된 기대를 거는 데서부터 파탄이 온다. 결혼은 어디까지나 두 사람이 일심동체가 되어 한 길을 가는 생활이다. 오늘날 어떤 부부들은 아이들이 성년이 되자마자 마음가짐이나 몸가짐이 달라져, 같은 집에 살면서도 별거나 다름없는 생활을 하는 경우가 있지만, 부부란 백년해로를 다짐한 반려자들이므로 죽을 때까지 온 정성을 다해 서로의 인격을 존중할 의무가 있다.

# 새로운 신앙 생활

누구나 청년 시대가 인생의 황금기라고 생각한다. 물론 젊은이들은 활기와 열의에 넘쳐 장래를 정할 때에도 분발하여 봉사의 길을 선택할 가능성이 많다. 그런데 삶의 황혼녘에도 황금기가 있다는 것은 의외로 알려져 있지 않으니 실로 유감스러운 일이다. 누구에게나 자기 인생관과 도덕관을 실천할 수 있는 기회는 언제든지 있다. 젊었을 때 할 수 있었던 일을 늙어서는 할 수 없게 되었다고 실망할 필요는 없다. 젊은이처럼 행동할 수 없다고 투덜거리기보다는 늙은이답게 할 수 있는 데 긍지를 가질 일이다. 삶의 각 시기에는 나름의 "카이로스"Kairos(그리스어: "때", "한 번뿐인 기회")가 있다. 성서에는 카이로스라는 말이 자주 나온다.

무엇이나 다 정한 "때"(카이로스)가 있다.
하늘 아래서 벌어지는 무슨 일이나 다 때가 있다.
날 때가 있으면 죽을 때가 있고
심을 때가 있으면 뽑을 때가 있다.

죽일 때가 있으면 살릴 때가 있고
허물 때가 있으면 세울 때가 있다.
울 때가 있으면 웃을 때가 있고
애곡할 때가 있으면 춤출 때가 있다.
연장을 쓸 때가 있으면 써서 안 될 때가 있고
서로 껴안을 때가 있으면 그만둘 때가 있다.
모아들일 때가 있으면 없앨 때가 있고
건사할 때가 있으면 버릴 때가 있다.
찢을 때가 있으면 기울 때가 있고
입을 열 때가 있으면 입을 다물 때가 있다.
사랑할 때가 있으면 미워할 때가 있고
싸움이 일어날 때가 있으면 평화를 누릴 때가 있다(전도 3,1-8).

해방절 축제 전날, 예수께서는 이 세상에서 아버지께로 건너가야 할 "때"가 온 것을 아시고, 그동안 세상에서 사랑해 온 당신 사람들을 끝까지 사랑하셨다(요한 13,1).

그리고 지금이 어떤 "때"인지를 아시오. 여러분이 잠에서 깨어날 "때"가 이미 왔습니다. 우리의 구원이 우리가 믿기 시작했을 "때"보다 더 가까이 왔기 때문입니다(로마 13,11).

네가 참아 견디라는 나의 말을 지켰으니, 땅 위에 사는 사람들을 시험하고자 온 세계에 닥쳐올 시련의 "시간"에도 내가 너를 지켜주겠다(묵시 3,10).

많은 사람들이 늙어서 이것저것 제약을 느끼게 되면 낙담하는 것 같다. 하지만 이것은 참으로 유감천만이라고 생각한다. 나이가 들어 비로소 열리는 지평선 저쪽으로 눈을 돌리고 인생의 황혼기를 뜻있게 보낼 수는 없을까. 더 충실한 신앙생활을 하기 위해 자주 사색을 하고 여러 기회를 활용하려고 꾸준히 노력한다면 즐거운 나날을 보내며 오히려 기분이 젊어질 수도 있다. 그런 의미에서 삼위일체의 신비가 만년의 신앙생활에 많은 도움이 될 것 같아 다음 장에서 좀 자세하게 언급해 볼까 한다.

어쨌든 노인들은 눈에 띄게 체력이 약해지므로 자기 존재의 나약함이나 덧없음과는 대조적으로 하느님의 권능을 절실하게 실감할 수 있는 입장에 있다. 인간은 숭고한 신앙을 삶의 어느 시기에나 갖가지 형식으로 일상생활에 반영시킬 기회가 많지만, 특히 만년에는 하느님의 섭리와 은총에 대한 신뢰가 한층 깊어지는 것 같다.

일본 정토종淨土宗의 개조開祖 법연法然은 제자들에게 오로지 아미타불에 귀의하여 "나무아미타불"을 외우도록 가르쳤다. 법연에 의하면 신앙이야말로 구원의 근본조건이다. 신앙만 있으면 "악인도 구원받는다. 하물며 선인에 있어서랴" 하고 그는 말했다. 그런데 법연의 제자인 친란親鸞은 인간이 얼마나 무력한가를 통감하고 스승의 말을 바꾸어 "선인도 구원받는다. 하물며 악인에 있어서랴" 하였다. 친란이 말하고자 한 것은 결국 인간의 행위 따위는 선하건 악하건 대수로운 것이 아니며 오직 아미타의 구원의 힘만이 중요하다는 것이다.

친란의 역설적인 말은 그리스도교의 신앙과 은총의 의미를 올바로 이해하는 데 도움이 되지 않는가. 특히 나이를 먹은 뒤에 신앙생활의 방향을 올바르게 설정하는 데 참고가 될 것 같다. 젊어서 발랄하게 활동할 수 있는 동안은 대부분 자기 힘으로 성과를 올리는 데 몰두하고 있다. 그래서 은총에 대해서는 펠라기우스적인 태도를 취하기 쉽다. 즉, 인간은 저 편재하시는 하느님의 힘에 의지하지 않으면 아무것도 할 수 없다는 신학의 깊은 진리를 한창 일할 나이 때는 완전히 잊어버리고 있는 것이다. 그런데 나이가 들어 체력이 두드러지게 쇠약해지면 자기가 이때까지 살아온 것은 오로지 전능하신 하느님의 은총 덕분이라는 것을 새삼스럽게 깨닫게 된다. 즉, 노쇠함에 따라 창조주이시며 구세주이신 하느님의 힘과 영광에 더 가까이 접하게 된다는 그리스도교의 패러독스를 노인들은 실제로 체험할 수 있는 것이다. 사도 바울로는 이 역설을 다음과 같이 훌륭하게 표현하고 있다.

> 그분은 말씀하시기를 "너는 내 은총을 넉넉히 받고 있다. 그 능력은 약함 가운데서 완성되는 법이다" 하셨습니다. 그러므로 나는 그리스도의 능력이 내게 머물도록 더욱더 기꺼이 내 약점들을 자랑하렵니다. 나는 그리스도를 위하는 일이라면 약점도, 치욕도, 역경도, 박해도 그리고 곤경도 만족하렵니다. 나는 약할 때 오히려 강하기 때문입니다(2고린 12,9-10).

또 한 가지 노년의 신앙생활의 특징은 참으로 가치있는 것이 무엇인가를 판단할 수 있다는 점, 그리고 신앙이 얼마나 큰 선물인가를 깨닫는다는 점이다. 사람은 자기가 종사하던 일에서 떠나야 비로소 사물을 넓은 시야에서 바라보며 올바른 평가를 할 수 있게 되고, 동시에 신앙의 은혜에 새로이 감사하고 싶은 기분이 든다. 일반적으로 젊었을 때는 별로 고맙게도 생각하지 않았고 중대하게도 여기지 않았던 일을 늙어서 마음의 눈이 열리면 갑자기 다른 각도에서 바라보며 진가를 알게 된다. 건강이 좋지 않고 여러 가지 괴로운 일이 꼬리를 무는 만년이야말로 이제까지 몰랐던 영속적인 가치를 발견하고 참된 자유를 누릴 수 있는 행복한 시기이다.

나는 한때 나환자들을 수용한 일본의 한 병원에 주일마다 미사를 드리러 간 적이 있다. 거기서 나는 무서운 병마로 한 손을 잃은 초로의 신사를 만났다. 그는 언제나 밝은 얼굴을 하고 동료 환자들을 권유해서 함께 미사에 참례하곤 했다. 이상하게 생각되어 물어본즉, 그는 입교한 지 얼마 안 되는 신자인데도 그리스도의 복음을 친구들에게 전하기 위해 열심히 노력하고 있다고 했다. 어느 날 나는 환자의 태반이 최근에 나온 특효약으로 서서히 병이 치유되어 2~3년 뒤에는 사회로 복귀할 수 있다는데, 이 사람은 치유될 가망이 전혀 없다는 것을 알았다. 병에 걸린 것을 너무 뒤늦게 발견했기 때문에 그는 죽을 때까지 그 병원을 떠날 수 없게 된 것이다.

그런데도 언제나 변함없이 쾌활하고 어두운 그늘이라곤 전혀 없는 사람이었다. 그는 개종하게 된 경위를 즐겨 이야기하면서, 자기는 이 병원에 와서 신앙을 가졌고 인생의 의미를 깨닫게 되어 얼마나 감사한지 모르겠다고 말했다. 나는 성서에 나오는 나환자 이야기를 생각하고 너무나 대조적인 그의 태도에 머리가 수그러졌다. 그리스도의 기적으로 치유된 열 사람의 나환자들 중 아홉 사람은 고맙다는 인사도 하지 않고 사라졌다. 그런데 이 사람은 불치병에 시달리면서도 신앙의 은혜에 늘 감사하고 있는 것이다.

만년에 미치는 신앙의 영향력을 주제로 한 모리악의 작품 몇 편이 있다. 모리악은 탐욕과 증오와 비정과 타락, 그리고 자멸로 이끄는 정욕의 힘을 심술궂을 정도로 극명하게 묘사하고 있기 때문에 그것만 읽으면 사는 것이 곧 죄를 범하는 것이라든가, 인간 존재의 근원은 악에 침식되고 있다든가 하는 성악설에 가까운 인상을 받는다. 그러나 모리악의 작중作中 죄인들은 대개, 아무리 인간의 나약함과 극악무도한 성향을 노출시켜도 마지막에는 은혜로운 기회를 만나 마음을 돌리고 죽어 간다. 정작 생애의 막을 내리게 될 때에는 하느님의 은총을 풍성히 받고, 탐욕과 정욕과 이기주의에 사로잡혀 있었던 고독한 자아에서 해방되어 하느님과 인류와의 통교에 참여하는 것이다.

예컨대, 「테레즈 데케루」의 주인공의 경우 은총은 임종 때에 비로소 승리를 거둔다. 모리악에 의하면, 테레즈는 "일생이 끝날 때야 겨우 어두운 밤이 물러가는 사람들" 중

의 하나이다. 「문둥이에의 키스」는 몰골이 흉한 부자 남자
와 아름답지만 가난한 소녀와의 불행한 결혼생활 이야기
다. 아내인 노에미는 남편이 자기에게 입을 맞출 때마다
구역질이 나고 도저히 남편과는 함께 살 수 없다고 생각한
다. 그러나 남편이 죽게 되었을 때야 노에미는 겨우 남편
의 선량함을 알고 진심으로 사랑하게 된다.

　역시 모리악의 작품인 「살무사의 갈등」에는 아무에게도
사랑을 받지 못하고 있다고 노상 투덜거리기만 하는 구두
쇠 노지주가 등장한다. 이 불행한 남자는 늘 남을 미워하
며 복수심에 불타고 동시에 그칠 줄 모르는 탐욕을 부렸
다. 가족들의 냉대를 원망하고 집안 사람들에게는 절대로
유산을 물려주지 않겠다고 맹세한다. 나이와 더불어 그 탐
욕과 정욕과 복수심이 더욱더 심해져 갔지만, 마침내 죽음
이 다가왔을 때 그는 주위 사람들의 마음속에서 사랑의 편
린을 엿본다. "고독과 무관심의 괴물" 같은 마음이 풀리는
날이 온다. 이 노인의 일기 마지막 페이지는 자기를 뒤덮
고 있던 탐욕과 원한의 얼음덩어리가 녹기 시작한 것을 알
게 된 기쁨의 말로 끝맺고 있다. "무언가 내 심장을 파열시
킬 것 같은 느낌이 든다 …. 그것이 '사랑'이라는 것을 이
제야 겨우 알았다."

　인생이란 험난한 산허리의 위험한 지그재그 길을 더듬어
올라가는 것과도 같다고 모리악은 생각하고 있다. 암중모
색하며 계속 올라가면 마침내 위에서 빛이 비쳐 오기 시작
하며, 인간 존재의 몽롱한 안개 저편에 빛나는 산정이 모

습을 드러낸다. 만물을 초월하여 계시는 하느님에 대한 인간의 동경을 모리악만큼 그 작중 인물을 통해 극명하게 묘사한 작가도 드물 것이다.

# 삼위일체 하느님과 노년

삼위일체는 그리스도교의 가장 중요한 신비이지만 많은 그리스도인은 나이가 들어서야 이 신비에 관해 생각하며 그것을 얼마큼 이해하게 되는 듯하다. 삼위일체의 각 위격 사이에 교류하는 생명과 사랑의 흐름에 합치하려고 노력하는 것이 아마 노년의 고독을 벗어나는 최선의 길일 것이다.

물론 삼위일체는 어른들만을 위한 교의教義는 아니다. 그러나 이것은 그리스도의 계시 중의 계시라고 할 만한 것으로 원숙한 경지에 도달한 노인들과 특별히 깊은 연관이 있는지도 모른다. 노인들은 여러 가지 인간관계를 경험하여 그 좋은 점도 한계도 알고 있느니만큼, 삼위일체의 세 위격 사이에 교류하는 무한한 생명과 사랑의 흐름에 합치하고 싶은 충동을 강하게 느끼는 것이 아닐까.

하느님은 결코 유아독존적인 존재가 아니라 성부와 성자와 성령이라는 세 위격을 가진 사랑의 공동체이다. 성부는 성자에게 당신 자신을 남김없이 주시고 성령은 성부와 성자의 사랑의 입김으로서 존재한다.

아버지께서는 아드님을 사랑하고 모든 것을 그분 손에 맡기셨
소(요한 3,35).

나와 아버지는 하나입니다(요한 10,30).

아버지께서 내 안에 계시고 내가 아버지 안에 있습니다(요한
10,38).

내가 아버지로부터 보낼 협조자, 곧 아버지로부터 나오는 진
리의 영이 오시면 그분이 나에 관해 증언하실 것입니다(요한
15,26).

삼위일체 생명의 핵심은 성부로부터 성자에게로, 성자로부
터 성령에게로, 성령으로부터 성부에게로 끊임없이 흐르고
있는 바로 사랑의 움직임이다. 그런데 인간은 하느님의 모
상으로 창조되었기 때문에 삼위일체의 세 위격과 비슷한
친밀한 관계를 서로 맺어야 비로소 본래의 자기가 되는 것
이다.

　삼위일체의 세 위격은 끝없이 자기를 내주고 끝없이 사
랑을 받는다는 이상적인 관계이다. 만약 인간이 나이를 먹
음에 따라 그와 비슷한 대인관계를 맺게 되면 충실한 만년
을 보낼 수 있을 것이다. 삼위일체야말로 사랑의 완전한
원형이다. 개인 대 개인의 순수한 사랑도 두 사람이 일심
동체가 되고 그러면서도 각기 개성을 상실하지 않은 채 자

기를 재발견하는 경지까지 가지 않는다면 완전한 사랑이 아니다. 삼위일체는 사랑하는 자에게 자기를 내주면 내줄수록 본래의 자기가 된다는 역설이 훌륭히 성립됨을 알려준다. 성부, 성자, 성령의 생명과 사랑의 통교에 참여함으로써 노인은 다른 사람들과 뜻밖의 친밀한 관계 — 즉, "나와 너의 만남" — 를 맺을 수 있다. 그리하여 오랜 세월 마음속에서 잠자고 있던 사랑이, 마치 재(灰) 속에 묻혔던 불덩이가 다시 불길을 내듯이, 활활 타오르며 끝없는 활력을 발산하는 것이다.

삼위일체의 사랑에 합치함으로써 두 가지 일이 가능해진다. 즉, 노년의 고독에 관한 근본적인 해답이 주어질 뿐 아니라, 하느님과 인간의 관계도, 또한 인간 상호의 관계도 동시에 긴밀해져 간다는 변증법적 과정이 시작되는 것이다. 바꾸어 말하면, 인간은 자애로운 하느님과의 대화에 참여하고, 세 위격 사이에 교류되는 사랑에 합치하면 할수록 다른 사람을 위해 더욱 기꺼이 자기 자신을 내줄 수 있는 것이다.

우리가 천국에서 영원한 생명에 참여한다는 것은 삼위일체의 사랑의 교류에 동화한다는 것이다. 그렇게 하여 천국에서 사는 이들은 서로간의 친밀한 정의를 깊게 해 간다. 노인들은 삼위일체의 하느님 안에서 전개되는 부단한 사랑의 대화에 참여함으로써, 이 세상에 있으면서도 틀림없이 영원한 생명의 예비 단계로 접어들 수 있다.

# 아버지의 집으로 돌아가는 날

누구에게나 어김없이 닥쳐오는 죽음을 어떠한 각오로 맞을 것인가는 노인들이 해결해야 할 가장 중요한 과제다. 놀랍게도 많은 노인들은 죽음이라는 이 준엄한 사실에 대하여 너무나 어른답지 못한 태도를 취하고 있다. 내가 알고 있는 70세의 어느 노인은 죽는 것이 무서워서 죽음이라는 말만 나와도 얼른 그 자리를 피해 버리곤 했다. 어느 날 나는 그에게 모차르트가 서른한 살 때 죽음에 관해 쓴 편지를 읽어 보도록 권했다. 그는 자기 나이의 절반도 안 되는 연부역강年富力强한 시절에 벌써 죽음을 예감한 모차르트가 침착한 태도로 쓴 글을 읽고 부끄러움을 느껴 그 후로는 생각을 고쳤다. 모차르트는 서른다섯 살 때 죽었지만, 죽기 4년 전에 아버지에게 이런 편지를 썼다.

　(분명하게 말해서) 죽음은 확실히 인생의 최종 목적지이기 때문에 지난 수년간 나는 인간의 가장 훌륭한 벗인 죽음과 친근해지는 것이 나의 의무라고 생각해 왔습니다. 그래서인지 이

친구 ― 죽음 ― 를 생각해도 별로 무섭지 않고 오히려 큰 위로와 마음의 평화를 느낍니다. 참된 행복의 열쇠인 죽음과 친밀해질 기회가 주어진 것에 감사하고 있습니다. 비록 젊은 나이지만 내일도 이 세상에 살고 있을지 모른다고 생각하며 늘 잠자리에 들곤 합니다. 내 주변의 친구들 가운데, 내가 우울하고 슬퍼 보인다고 말하는 사람은 없을 것입니다. 내게 이런 기쁨이 주어진 것에 나는 매일 감사하며 다른 사람들에게도 같은 기쁨이 주어지기를 빌고 있습니다(1787년 4월 4일).

많은 사람들은 너무나 단순하고 좁은 내세관을 가지고 있어서, 천국이란 "영원한 안식"의 나라, 혹은 "하느님을 직관하는" 곳으로 생각하고 있다. 이 두 사상은 어떤 의미에서는 타당하다 할지라도, 천국이라는 것을 소극적이고 수동적인 관점에서 바라보는 입장이며, 영생의 올바른 의미를 왜곡할 우려가 있다.

물론 천국에서는 땀을 흘리며 일할 필요도 없고 넌더리나는 단조로운 작업을 계속할 필요도 없이 이른바 "지복직관"至福直觀의 환희에 넘쳐 지낼 수 있을 것이다. 하지만 그것만은 아니다. 앞의 장에서 언급한 대로 천국의 행복은 삼위일체의 하느님과 사랑으로 말미암아 변용變容된 인류 공동체와의 사이에 영원히 되풀이되는 잔치다.

한창 일할 나이에는 저마다 해야 할 일들이 많기 때문에, 천국의 행복만 생각하며 현실적 책임을 회피하지 않도록 유의해야 하겠지만, 그런 일들을 어지간히 마무리지은 사람들은 쓸데없이 고독한 처지를 한탄하지만 말고, 약속의 땅을 향해 광야를 더듬어 나아간 구약의 이스라엘 사람들처럼 전진하는 자세로 여생을 보내야 할 것이다.

인간은 나이를 먹음에 따라 인생의 무상함을 느끼지 않을 수 없다. 부귀나 공적도, 미모나 건강도 모두 언젠가는 사라지기 때문이다. 그러나 아무리 무상함을 느끼더라도 곰곰이 생각해 보면 그것은 사물의 표면의 일부에 지나지 않으며 그 뒤에는 영원히 변하지 않는 모습이 있다는 것을 알게 된다. 즉, 삼위일체의 하느님과 결합된 영원한 생명이 있다는 것을, 인간은 늙어서 육체가 쇠약해짐에 따라 깨닫게 된다. 이것을 알면 현재의 생활은 영겁의 미래로부터 새어 나오는 부드러운 빛을 받으며 새로운 희망으로 넘치게 될 것이다.

# 말씀의 향기

# 복음 말씀

복되도다, 영으로 가난한 사람들!
하늘 나라가 그들의 것이니.
복되도다, 슬퍼하는 사람들!
위로를 받으리니.
복되도다, 온유한 사람들!
땅을 상속받으리니.
복되도다, 의로움에 굶주리고 목마른 사람들!
배부르게 되리니.
복되도다, 자비를 베푸는 사람들!
자비를 입으리니.
복되도다, 마음이 깨끗한 사람들!
하느님을 뵙게 되리니.
복되도다, 평화를 이룩하는 사람들!
하느님의 아들이라 일컬어지리니.
복되도다, 의로움 때문에 박해를 받는 사람들!
하늘 나라가 그들의 것이니.
복되도다, 사람들이 나 때문에 그대들을 모욕하고 박해하며
온갖 사악한 거짓말을 하면! 기뻐하고 신명내시오. 그대들이

받을 상이 하늘에 많습니다. 사실 그들은 그대들에 앞서 간 예언자들도 그렇게 박해했습니다(마태 5,3-12).

땅에 보물을 쌓지 마시오. 좀과 벌레가 갉아먹고 도둑이 뚫고 들어와 훔쳐갑니다. 하늘에 보물을 쌓으시오. 좀도 벌레도 갉아먹지 않고 도둑이 뚫고들어와 훔쳐가지도 않습니다. 보물이 있는 곳에 마음도 있는 법입니다(마태 6,19-21).

심판받지 않으려거든 심판하지 마시오. 심판하는 그대로 심판받을 것입니다. 여러분이 되어 주는 되만큼 여러분에게 되어 주실 것입니다. 어째서 형제 눈 속의 티는 보면서도 당신 눈 속의 들보는 깨닫지 못합니까? 보시오, 당신 눈 속에 들보가 있는데 어떻게 형제더러 "가만 있게, 자네 눈에서 티를 빼내 주겠네" 하겠습니까? 위선자! 먼저 당신 눈에서 들보를 빼내시오. 그제야 잘 보고 형제 눈에서 티를 빼낼 것입니다(마태 7,1-5).

청하시오, 주실 것입니다. 찾으시오, 얻을 것입니다. 두드리시오, 열어 주실 것입니다. 누구든지 청하는 이는 받고, 찾는 이는 얻고, 두드리는 이에게는 열릴 것입니다(마태 7,7-8).

좁은 문으로 들어가시오. 멸망으로 인도하는 문은 넓고 길이 널찍해서 들어서는 사람들이 많습니다. 생명으로 인도하는 문은 좁고 길이 비좁아서 찾는 사람들이 적습니다(마태 7,13-14).

하늘 나라는 밭에 숨겨진 보물과 비슷합니다. 어떤 사람이 그것을 발견하자 숨겨 두고는 기뻐하며 돌아가서 가진 것을 모두 팔아 그 밭을 삽니다. 또 하늘 나라는 어떤 장사꾼이 좋은 진주를 찾은 것과 비슷합니다. 그는 값진 진주를 하나 발견하자 물러가서 가진 것을 모두 팔아 그것을 샀습니다(마태 13,44-46).

나를 믿는 이 작은 이들 가운데 하나라도 걸려넘어지게 하는 사람은 나귀가 돌리는 연자매를 목에 단 채 바다 깊이 빠지는 편이 차라리 낫습니다. 걸려넘어지게 하는 일에 시달리는 세상은 불행합니다! 사실 걸려넘어지게 하는 일은 생기게 마련입니다. 그러나 걸려넘어지게 하는 일이 생기게 하는 사람은 불행합니다! 손이나 발이 그대를 걸려넘어지게 하거든 찍어 던지시오. 두 손 두 발을 가지고 영원한 불 속에 던져지기보다는 불구자나 절름발이로 생명에 들어가는 편이 낫습니다. 눈이 걸려넘어지게 하거든 뽑아 던지시오. 두 눈을 가지고 불타는 지옥에 던져지기보다는 애꾸눈으로 생명에 들어가는 편이 낫습니다(마태 18,6-9).

진실히 말하거니와, 이 산더러 "들려서 저 바다에 던져져라" 하면서라도 속으로 의심하지 않고 말하는 대로 되리라고 믿는 사람에게는 그대로 이루어질 것입니다. 그러므로 나는 말하거니와, 기도하며 청하는 것은 모두 받는다고 믿으시오. 그러면 이루어질 것입니다. 그리고 기도하려고 서 있을 때 누구에게 어떤 원한을 품고 있거든 그를 용서하시오. 그래야 하늘에 계

신 그대들의 아버지께서도 그대들의 잘못을 용서하실 것입니
다(마르 11,23-25).

첫째는 이렇습니다. … "온 마음으로, 온 영혼으로, 온 정신으
로, 온 힘으로 네 하느님이신 주님을 사랑하라." 둘째는 이렇
습니다. "이웃을 너 자신처럼 사랑하라." 이보다 더 큰 계명은
달리 없습니다(마르 12,29-31).

좋은 나무가 나쁜 열매를 맺지 않고 나쁜 나무가 좋은 열매를
맺지 않습니다. 나무마다 열매를 보아 압니다. 가시나무에서
무화과를 따지 못하고 가시덤불에서 포도를 거두어들이지 못
합니다. 선한 사람은 마음의 선한 곳간에서 선한 것을 내놓고
악한 사람은 악한 곳간에서 악한 것을 내놓습니다. 마음에 그
득한 것을 입으로 말하는 법입니다(루가 6,43-45).

목숨을 위해 무엇을 먹을까, 또 몸을 위해 무엇을 입을까 걱
정하지 마시오. 목숨이 양식보다, 또 몸이 옷보다 소중합니
다. 까마귀들을 살펴보시오. 씨를 뿌리지도 추수하지도 않을
뿐더러 골방도 곳간도 없습니다. 그러나 하느님이 먹여 주십
니다. 저 새들보다 그대들이 얼마나 더 귀합니까! 그대들 가
운데 누가 걱정한다고 해서 목숨을 한 순간인들 늘일 수 있습
니까? 이처럼 지극히 작은 일도 할 수 없으면서 왜 다른 일을
걱정합니까? 백합꽃이 어떻게 자라는지 살펴보시오. 수고하
지도 물레질하지도 않습니다. 그러나 나는 말하거니와, 온갖

영화를 누린 솔로몬도 그 가운데 하나만큼 차려입지 못했습니다. 오늘 들에 있다가 내일 아궁이에 던져질 들풀도 하느님이 이처럼 입히시거든 그대들이야 얼마나 더 잘 입히시겠습니까? 믿음이 약한 사람들! 그러니 무엇을 먹고 무엇을 마실까 찾지도 염려하지도 마시오. 그런 것은 모두 세상 이방인들이 힘써 찾는 것들입니다. 그대들의 아버지께서는 그런 것들이 필요함을 알고 계십니다. 먼저 그분 나라를 찾으시오. 그러면 그런 것도 곁들여 받게 될 것입니다. 겁내지 마시오. 작은 양 떼들! 그대들의 아버지께서는 그대들에게 기꺼이 그 나라를 주기로 작정하셨습니다(루가 12,22-32).

그가 몹시 근심하는 것을 보고 예수께서 말씀하셨다. "재산 가진 사람이 하느님 나라에 들어가기가 참으로 어렵구려! 부자가 하느님 나라에 들어가기보다는 낙타가 바늘구멍으로 들어가기가 쉽습니다." 듣고 있던 사람들이 "그렇다면 누가 구원받을 수 있겠는가?" 하였다. 예수께서 말씀하셨다. "사람은 할 수 없는 일을 하느님은 하실 수 있습니다"(루가 18,24-27).

예수께서 말씀하셨다. "민족들의 왕들은 그들을 지배하고 권력자들은 은인으로 행세합니다. 그러나 그대들은 그럴 수 없습니다. 제일 큰 사람이 제일 어린 사람처럼 되고 다스리는 사람이 섬기는 사람처럼 되어야 합니다. 누가 더 높습니까? 상 앞에 자리잡은 사람입니까? 아니면 시중드는 사람입니까? 자리잡은 사람이 아닙니까? 그러나 나는 그대들 한가운데 시중드는 사람처럼 있습니다"(루가 22,25-27).

새 계명을 줍니다. 서로 사랑하시오. 내가 그대들을 사랑한 것처럼 그대들도 서로 사랑하시오. 그대들이 서로 사랑을 나누면 모든 사람이 그것을 보고 그대들이 내 제자라는 것을 알게 될 것입니다(요한 13,34-35).

그대들도 지금은 슬픔에 잠겨 있지만, 내가 다시 그대들을 보게 되면 그대들의 마음은 아무도 빼앗지 못할 기쁨으로 넘칠 것입니다. 그 날에는 그대들이 나에게 아무것도 묻지 않을 것입니다. 진실히 진실히 말하거니와, 그대들이 아버지께 청하는 것은 무엇이든 그분이 내 이름으로 주실 것입니다. 아직까지는 그대들이 아무것도 내 이름으로 청하지 않았습니다. 청하시오, 받을 것입니다. 그래서 기쁨이 가득 차게 될 것입니다(요한 16,22-24).

# 서간 말씀

죄가 죽을 몸 안에 왕노릇하여 그 욕정에 여러분을 복종시키는 일이 없도록 하시오. 여러분 자신을 불의의 무기로서 죄에 내맡기지 말고 죽은 이 가운데서 살아난 이로서, 의로움의 무기로서 하느님께 바치시오(로마 6,12-13).

장차 우리에게 드러날 영광에 견주면 지금 이 시대의 고난은 아무것도 아니라고 생각합니다(로마 8,18).

형제 여러분, 하느님의 자비에 힘입어 권고합니다. 여러분의 몸을 하느님께 맞갖은 거룩한 산 제물로 바치시오. 이것이 곧 여러분에게 합당한 예배입니다. 이 세상을 본받지 말고 정신을 새롭게 하여 모습을 바꾸시오. 그리하여 무엇이 하느님 뜻인지, 무엇이 선하며 그분께 맞갖고 완전한 것인지를 분별하도록 하시오(로마 12,1-2).

내가 사람의 언어와 천사의 언어로 말한다 할지라도 사랑이 없다면, 나는 소리나는 징이나 요란한 꽹과리에 지나지 않습니다. 또 내가 예언하는 은사를 가지고 있고 모든 신비와 모든 지식을 알고 있으며 산을 옮길 만한 믿음을 가지고 있다 할지라도 사랑이 없다면, 나는 아무것도 아닙니다. 또 내 모든 재산을 희사하고 몸마저 내주어 불사르게 한다 할지라도 사랑이 없다면, 내게는 조금도 이로울 것이 없습니다.

사랑은 너그럽습니다.
사랑은 친절합니다.
사랑은 시기하지 아니하고
허세를 부리지 않으며
교만하지 않습니다.
사랑은 무례하지 않으며
자기 것을 찾지 않습니다.
사랑은 분통을 터뜨리지 않고
원한을 품지 않습니다.
불의를 기뻐하지 않고
진리를 기뻐합니다.
모든 것을 덮어주고
모든 것을 믿으며
모든 것을 바라고
모든 것을 견딥니다.
사랑은 언제까지나 스러지지 않습니다(1고린 13,1-8).


우리는 낙심하지 않습니다. 우리의 겉사람은 썩어 가지만 속사람은 나날이 새로워집니다. 일시적인 가벼운 환난이 영원하고 무게있는 영광을 비할 데 없이 넘치도록 우리에게 마련해 주기 때문입니다. 우리는 보이는 것이 아니라 보이지 않는 것을 바라봅니다. 보이는 것은 잠시뿐이지만 보이지 않는 것은 영원하기 때문입니다(2고린 4,16-18).

형제 여러분, 여러분은 자유를 누리도록 부름받았습니다. 모름지기 그 자유를 육을 위하는 구실로 삼지 말고 사랑으로 남을 섬기시오. 실상 모든 율법이 "네 이웃을 너 자신처럼 사랑하라"는 한 마디 말씀에 다 들어 있습니다. 그러나 서로 물어뜯고 잡아먹으려 한다면 피차 멸망할 것이니 조심하시오(갈라 5,13-15).

서로 남의 짐을 져 주시오. 그리하여 그리스도의 법을 이루시오. 누가 아무것도 아니면서 무엇이나 되는 것처럼 여긴다면 그것은 자기 자신을 속이는 짓입니다. 각자 자기 행실을 성찰하시오. 무엇인가 자랑거리가 있다면 그것은 자기 혼자의 것이지 남과 견줄 것이 아닙니다. 누구나 저마다 져야 할 짐이 있습니다(갈라 6,2-5).

사랑스러운 자녀답게 하느님을 본받는 사람들이 되시오. 그리스도께서 우리를 사랑하고 우리를 위해 하느님께 올리는 향기로운 예물과 제물로 자신을 내주신 것처럼, 여러분도 그런 사랑 안에서 살아가시오(에페 5,1-2).

그분은 휘장을 통해, 곧 당신 육신을 통해 우리에게 생명을 주는 새로운 길을 터 주셨습니다. 그리하여 우리는 하느님의 집을 다스리는 대제관을 모시게 되었습니다. 진실된 마음과 풍부한 믿음을 지니고 나아갑시다. 악한 생각을 떠나 마음을 깨끗이하고 깨끗한 물로 몸을 씻고서 나아갑시다. 희망에 대한 고백을 변함없이 굳게 지킵시다. 약속하신 그분은 성실하시기 때문입니다. 그리고 서로 마음을 써 사랑과 선한 일을 하도록 부추깁시다(히브 10,20-24).

"사람은 풀과 같고 그 영광은 들꽃 같도다.
풀은 마르고 꽃도 지지만
주님의 말씀은 영원히 머무는도다."
이것이 바로 여러분에게 전해진 말씀입니다
(1베드 1,24-25[이사 40,6-8]).

하느님을 사랑한다는 것은 곧 그분 계명을 지키는 것입니다. 그분 계명은 힘겹지 않습니다. 하느님에게서 태어난 이는 누구나 세상을 이깁니다. 세상을 이긴 그 승리는 바로 우리의 믿음입니다. 누가 세상을 이기는 사람입니까? 예수께서 하느님의 아드님이심을 믿는 이가 아닙니까?(1요한 5,3-5).

# 지혜의 말씀

마음을 다하여 야훼를 믿어라.
잘난 체하지 말고
무슨 일을 하든지 야훼께 여쭈어라.
그가 네 앞길을 곧바로 열어 주시리라.
스스로 지혜로운 체하지 말고,
야훼를 두려워하여 섬기고 악을 멀리하여라.
그리하면 네 몸이 튼튼해지고
뼈마디가 시원해지리라(잠언 3,5-8).

무엇보다도 네 마음을 지켜라.
그것이 바로 복된 삶의 샘이다(잠언 4,23).

불의하게 살면 기다리던 것도 죽음과 함께 수포로 돌아 간다.
허튼 짓을 하면 바라던 것도 물거품이 된다.
착하게 살면 곤경에서도 빠져 나오지만
나쁜 일 하다가는 도리어 거기에 빠져 든다.
하느님을 저버린 사람은 혀로 이웃을 죽이지만
착한 사람은 기도로 이웃을 살린다(잠언 11,7-9).

남에게 은덕을 베풀어야 풍부해지고
남을 대접해야 저도 대접을 받는다(잠언 11,25).


어리석은 사람은 당장에 노여움을 드러내지만
어진 사람은 모욕을 받아도 덮어 둔다(잠언 12,16).


함부로 뱉는 말은 비수가 되지만
슬기로운 사람의 혀는 남의 아픔을 낫게 한다(잠언 12,18).


착하게 살면 생명에 이르고
그릇된 길을 가면 죽음에 이른다(잠언 12,28).


공으로 얻은 재산은 날아가지만
애써 모은 재산은 불어난다.
희망이 끊어지면 마음이 병들고
바라던 것이 이루어지면 생기가 솟는다(잠언 13,11-12).


야훼를 두려워하여 섬기는 사람은 힘이 있어
자식들에게 믿음직한 의지가 된다.
야훼를 두려워하여 섬기는 것이 생명의 샘이라,
사람을 죽음의 올가미에서 빼내 준다(잠언 14,26-27).


성을 잘 내지 않는 사람이야말로 현명한 사람이다.
성급한 사람은 어리석은 사람이다.

마음이 편안하면 몸에 생기가 돌고
마음이 타면 뼛속이 썩는다(잠언 14,29-30).


부드럽게 받는 말은 화를 가라앉히고
거친 말은 노여움을 일으킨다.
슬기로운 사람의 혀는 바른 인생길을 깨우쳐 주지만
미련한 사람의 입은 어리석은 소리를 뱉는다(잠언 15,1-2).


마음이 즐거우면 얼굴이 밝아지고
속에 석성이 있으면 기가 꺾인다.
현명한 사람의 마음은 삶의 슬기를 찾고
미련한 사람의 입은 어리석음을 즐긴다.
낯을 찡그리고 살면 세월이 괴롭고
마음이 편하면 하루하루가 잔치기분이다(잠언 15,13-15).


백발은 빛나는 면류관,
착하게 살아야 그것을 얻는다.
함부로 화를 내지 않는 사람은 용사보다 낫다.
제 마음을 다스리는 사람은 성을 탈취하는 것보다 낫다.
주사위는 사람이,
결정은 야훼께서(잠언 16,31-33).


어버이는 자식의 영광이요
자손은 늙은이의 면류관이다(잠언 17,6).

미련한 자식을 낳는 사람은 슬픔을 맛본다.
어리석은 자식을 둔 아비는 기쁨을 모른다.
마음이 즐거우면 앓던 병도 낫고
속에 걱정이 있으면 뼈도 마른다(잠언 17,21-22).


경험이 쌓일수록 말수가 적어지고
슬기를 깨칠수록 감정을 억제한다(잠언 17,27).


정신만 살아 있으면 병도 이긴다.
정신이 꺾인 사람은 희망이 없다.
슬기로운 사람은 마음에 지식을 얻고
지혜로운 사람은 지식에 귀를 기울인다(잠언 18,14-15).


화가 나면 사나워지고 분이 터지면 막을 수 없겠지만
사람이 질투를 부리면 누가 당해 내랴.
속으로 사랑하는 것보다
터놓고 꾸짖는 것이 낫다(잠언 27,4-5).


내 얼굴은 남의 얼굴에, 물에 비치듯 비치고
내 마음도 남의 마음에, 물에 비치듯 비친다.
지옥과 저승은 아무리 들어가도 한이 없듯이
사람의 욕심도 끝이 없다(잠언 27,19-20).


의인은, 제 명을 다하지 못하고 죽더라도, 안식을 얻는다.

노인은 오래 살았다고 해서 영예를 누리는 것이 아니며
인생은 산 햇수로 재는 것이 아니다.
현명이 곧 백발이고,
티없는 생활이 곧 노년기의 원숙한 결실이다(지혜 4,7-9).

그분은 지혜를 만드시고 지켜 보시고 헤아리시는 주님으로서
당신이 만드신 모든 것과,
모든 인간에게 지혜를 너그러이 내리시고
특히 당신을 사랑하는 사람들에게 지혜를 풍부히 나누어 주신다.
주님을 두려워함은 행복이요, 영예며
쾌락이요 환희의 극치이다.
주님을 두려워하는 이는 마음이 즐겁고
행복과 희열을 맛보며 수를 누린다.
주님을 두려워하는 이는 삶의 끝이 좋으리니
죽는 날에 축복을 받으리라(집회 1,9-13).

아들아, 네가 주님을 섬기려면
스스로 시련에 대비하여라.
네 마음을 곧게 가져 동요하지 말며
역경에 처해서도 당황하지 말아라.
영광스러운 마지막 날을 맞이하기 위하여
주님께 매달려, 떨어지지 말아라.
어떠한 일이 닥치더라도 기꺼이 받아 들이고
네 처지가 불쌍하게 되더라도 참고 견디어라.

실로 황금은 불 속에서 단련되고
사람은 굴욕의 화덕에서 단련되어 하느님을 기쁘시게 한다.
네가 주님을 신뢰하면 주님께서 너를 보살펴 주시리라.
주님께 희망을 두고 바른 길을 가거라(집회 2,1-6).


젊었을 때 아무 것도 모아 두지 않은 네가,
늙어서 무엇을 찾을 수 있으랴?
백발노인으로서 분별력이 있고,
원숙한 사람으로서 남에게 좋은 충고를 줄 수 있다는 것은
얼마나 좋은 일이랴?
노인이 보여 주는 지혜와
지위높은 사람이 주는 뜻깊은 충고는 지극히 훌륭한 것이다.
풍부한 경험은 노인의 명예며
주님을 두려워하는 것은 그의 참된 자랑이다(집회 25,3-6).


재산을 쌓아 놓고 행복하게 살며
아무런 근심 걱정없이 모든 일에 성공하고
아직도 음식을 즐길 수 있는 사람에게,
죽음아, 너를 생각한다는 것이 얼마나 괴로운 일이겠느냐!
가난하고 힘이 빠진 사람,
끊임없이 근심 걱정에 시달려서 늙어 버리고
모든 것이 귀찮고 참을성마저 없어진 사람에게,
죽음아, 너의 기약이 얼마나 반가운 일이겠느냐!
죽음이 있다는 것을 두려워하지 말아라.

네 앞에 간 사람들과 네 뒤에 올 사람들이 있음을 생각하여라.
죽음은 모든 사람에게 내리신 주님의 선고다.
지극히 높으신 분의 뜻을 어찌 거역하려느냐.
십년을 살든지 백년을 살든지 천년을 살든지,
저승에서는 네 수명의 장단이 문제가 되지 않는다(집회 41,1-4).

## 19. 창조주시요 입법자이신 하느님

하늘은 하느님의 영광을 속삭이고
창공은 그 훌륭한 솜씨를 일러 줍니다.
낮은 낮에게 그 말을 전하고
밤은 밤에게 그 일을 알려 줍니다.
그 이야기, 그 말소리
비록 들리지 않아도
그 소리 구석구석 울려 퍼지고
온 세상 땅 끝까지 번져 갑니다.
해를 위하여 하늘에 장막을 쳐 주시니
해는 신방에서 나오는 신랑과 같이
신나게 치닫는 용사와 같이
하늘 이 끝에서 나와
하늘 저 끝으로 돌아 가고
그 뜨거움을 벗어날 자 없사옵니다.
주님의 법은 이지러짐이 없어
사람에게 생기를 돌려 주고
주님의 법도는 변함이 없어

어리석은 자도 깨우쳐 준다.
주님의 분부는 그릇됨이 없어
사람의 마음을 즐겁게 하고
주님의 계명은 맑아서
사람의 눈을 밝혀 준다.
주님의 말씀은 순수하여
영원토록 흔들리지 아니하고
주님의 법령은 참되어
옳지 않은 것이 없다.
금보다, 순금덩이보다 더 좋고
꿀보다, 송이꿀보다 더욱 달다.
당신 종이 그 말씀으로 깨우침받고
그대로 살면 후한 상을 받겠거늘
뉘 있어 제 허물을 다 알리이까?
모르고 짓는 죄일랑 말끔히 씻어 주소서.
일부러 범죄할까, 이 몸 막아 주시고
그 손아귀에 잡힐까, 저를 지켜 주소서.
그제야 이 몸은 대역죄 씻고
온전히 깨끗하게 되리이다.
저의 바위, 저의 구원자이신 주님,
제 생각과 제 말이
언제나 당신 마음에 들게 하소서.

## 34. 의인을 돕시는 주님

나 어떤 일이 있어도 주님을 찬양하리라.

주님을 찬양하는 노래 내 입에서 그칠 날이 없으리라.

나의 자랑, 주님께 있으니

비천한 자들아 듣고 기뻐하여라.

나와 함께 "주님, 높으시도다" 노래 부르자.

모두 소리 맞춰 그분 이름을 기리자.

주님 찾아 호소할 때 들어 주시고

몸서리쳐지는 곤경에서 건져 주셨다.

그분을 쳐다보는 자, 그 얼굴 빛나고

부끄러운 꼴 당하지 아니하리라.

가엾은 자의 부르짖음을

주님, 들으시고 곤경에서 건져 주셨다.

주님의 천사가 그분을 경외하는 자들 둘레에

진을 치고 그들을 구해 주셨다.

너희는 주님의 어지심을 맛들이고 깨달아라.

그분께 피신하는 자는 복되다.

주님의 거룩한 백성아, 두려운 마음으로 그분을 섬겨라.

두려운 마음으로 그분을 섬기면 아쉬울 것 없으리라.

맹수들은 먹이 찾아 배고플지 모르나

주님을 찾는 사람은 온갖 복을 받아 부족함이 없으리라.

젊은이들아, 와서 내 말을 들어라.

두려운 마음으로 주님 섬기는 길을 가르쳐 주마.

즐거운 날을 보내고 싶으냐?

좋은 일을 보며 오래 살고 싶으냐?
혀를 놀려 악한 말을 말고
입술을 놀려 거짓말을 말아라.
못된 일을 하지 말고 착한 일을 하여라.
평화를 이루기까지 있는 힘을 다하여라.
주님의 눈길, 의인들을 돌아 보시고
그분의 귀는 그들의 부르짖는 소리를 들으신다.
악한 일을 하고 주님 앞에서 숨을 길 없다.
그 이름은 땅 위에서 영영 사라지고 말리라.
살려 달라 소리치면 주님께서 그 소리 들으시고,
모든 곤경에서 그들을 구해 주신다.
실망한 사람 옆에 주님 함께 계시고
낙심한 사람들을 붙들어 주신다.
올바른 사람에게 불행이 겹쳐도
주님께서는 모든 곤경에서 그를 구해 주시고
뼈 한 마디도 부러지지 않도록
고이고이 지켜 주신다.
악인들은 그 행실로써 죽음을 부르고
의인을 미워하는 자 멸망하리라.
주님께서 당신 종의 목숨을 구하시니
그분께 피신하는 자는 죽지 아니하리라.

## 42/43. 주님이 그리운 마음<sub></sub>(42,1.4; 43,3-5)

암사슴이 시냇물을 찾듯이, 하느님,
이 몸은 애타게 당신을 찾습니다.
무리들 앞장서서 성전으로 들어 가던 일,
생각만 하여도 가슴이 미어집니다.
당신의 빛, 당신의 진실을 길잡이로 보내시어
당신 계신 거룩한 산으로 이끌어 주소서.
하느님, 당신의 제단으로 나아가리이다.
저의 기쁨이신 하느님께로 나아가리이다.
하느님, 저의 하느님, 수금가락에 맞추어
당신께 감사찬양 올리리이다.
어찌하여 내가 이토록 낙심하는가?
어찌하여 이토록 불안해하는가?
하느님을 기다리리라.
나를 구해 주신 분, 나의 하느님
나는 그분을 찬양하리라.


## 90. 인생은 … 덧없이 지나가고

주님, 당신은 대대손손 저희의 피난처,
산들이 생기기 전,
땅과 세상이 태어나기 전,
한 옛날부터 영원히 당신은 하느님,
사람을 먼지로 돌아 가게 하시며
"사람아, 돌아 가라" 하시오니

당신 앞에서는 천 년도 하루와 같아
지나간 어제 같고
깨어 있는 밤과 같사오니
당신께서 휩쓸어 가시면
인생은 한바탕 꿈이요,
아침에 돋아나는 풀잎이옵니다.
아침에는 싱싱하게 피었다가도
저녁이면 시들어 마르는 풀잎이옵니다.
홧김을 한번 뿜으시면 저희는 없어져 버리고
노기를 한번 띠시면 저희는 소스라칩니다.
저희의 잘못을 당신 앞에 놓으시니
저희의 숨은 죄 당신 앞에 낱낱이 드러납니다.
당신 진노의 열기에 저희의 일생은 사그라지고
저희의 세월은 한숨처럼 스러지고 맙니다.
인생은 기껏해야 칠십 년, 근력이 좋아야 팔십 년,
그나마 거의가 고생과 슬픔에 젖은 것,
날아 가듯 덧없이 사라지고 맙니다.
누가 당신 분노의 힘을 알 수 있으며,
당신 노기의 그 두려움을 알겠습니까?
저희에게 날수를 제대로 헤아릴 줄 알게 하시고
저희의 마음이 지혜에 이르게 하소서.
주님, 돌이키소서. 언제까지 노하시렵니까?
당신의 종들을 불쌍히 여기소서.
동틀녘에 당신의 사랑으로 한껏 배불러

평생토록 기뻐 뛰며 노래하게 하소서.
저희가 고생한 그 날수만큼,
어려움을 당한 그 햇수만큼 즐거움을 누리게 하소서.
당신의 종들에게 당신께서 이루신 일들을,
또 그 후손들에게 당신의 영광을 드러내소서.
주, 저희 하느님, 저희를 어여삐 여기시어
저희 손이 하는 일 잘 되게 하소서.
저희 손이 하는 일 잘 되게 하소서.


## 102. 내 불행한 날에 얼굴을 숨기지 마옵시고<sub></sub>(102,1-7.9-13)

주님, 제 기도를 들어 주소서.
제 부르짖는 소리, 당신께 이르게 하소서.
제가 곤경에 빠졌을 때,
당신의 얼굴을 저에게서 돌리지 마소서.
당신 이름을 부를 때,
귀를 기울이시고 빨리 대답하소서.
저의 세월은 연기처럼 사라지고
뼈마디는 숯불처럼 타버립니다.
제 마음은 풀처럼 시들고,
식욕조차 잃었사옵니다.
장탄식에 지쳐 버려
뼈와 살이 맞닿았습니다.
저는 마치 사막 속의 사다새같이
마치도 폐허 속의 올빼미처럼

지붕 위의 외로운 새와도 같이
잠 못 이루옵니다. …
밥으로는 재를 먹고
마시는 것에 눈물이 섞이었으니
분노에 불을 붙이시어
저를 들었다 내치신 때문이옵니다.
저의 운명은 석양의 그림자,
풀잎처럼 시드는 이 몸이옵니다.
그러나, 주님, 당신은 영원한 왕이시요
당신의 명성은 내대로 이어지리이다.
일어나소서, 시온을 어여삐 여기소서.
때가 왔사옵니다.
시온을 불쌍히 여기실 때가 왔사옵니다.

## 150. 할렐루야

할렐루야,
성소에서 하느님을 찬미하여라.
하늘에서 그분 위력을 찬미하여라.
엄청난 일 하셨다, 그분을 찬미하여라.
그지없이 높으시다, 찬미하여라.
나팔소리 우렁차게 그분을 찬미하여라.
거문고와 수금 타며 찬미하여라.
북치고 춤추며 그분을 찬미하여라.
현금 뜯고 피리 불며 찬미하여라.

자바라를 치며 그분을 찬미하여라.
징을 치며 찬미하여라.
숨쉬는 모든 것들아, 주님을 찬미하여라.
할렐루야

# 본문 성서 인용 찾기